目次／入門　経済学――経世済民に向けて――

入門　経済学

——経世済民に向けて——

第一部　経済の基礎理論

第一章　経済一般

1　経済と経済学

「経済学」とは、経済についての学問です。

「経済」とは、物質的な富の生産・分配・消費に関する行為です。

物質的な富とは、たとえば米や自転車や靴などです。米がどのように作られ、分配され、消費されるかについての研究は、経済学に属します。

音楽や絵画は精神的な富であり、その生産や享受は文化に属します。歌をつくるだけでなくそれをCDとして生産すれば、その行為は文化活動であるとともに経済活動でもあります。すなわちある経済行為が他の領域にも同時に属することはあり得ますが、経済学はその行為の経済的側面を考察の目的とします。

2　生産と労働

すべての人間社会には経済が必要です。

経済活動の出発点は生産です。

生産は次の三要素に分けられます。第一が**労働**。第二が**労働対象**。農業労働における田畑や工業労働における原料などです。第三が**労働手段**。道具や機械などです。この三要素はどのような生産でも必要です。なお労働対象と労働手段とは合わせて**生産手段**とも呼ばれます。この用語を使えば、生産には労働と生産手段とが必要だ、ともまとめられます。

「労働」とは何でしょうか。まずは、「物を加工して衣食住などの生活で使用できるものにすること」と言えます。これで製造業は当てはまりますが、サーヴィス業などは当てはまりません。そこで、「生活に必要または有益な仕事を対価を得て他人に対して行なうこと」を加えることにします。通学するのに自分で自転車をこぐことや、自分のこどもを学校まで車で運ぶことは、生活に有用な仕事ですが、経済学上の労働とはみなされません。しかしバス会社の運転手が運賃をとって通学者を運ぶことはそうみなされます。学問上の用語は時に日常用語とずれます。「蟻は働き者だ」というのは通用する表現ではあります。しかし蟻や蜂が巣を作ることも、自分の自動二輪車をかっこよく自分で改造することも、経済学では「労働」とはみなしませんが、なぜかの理由をあらかじめ理解することは必ずしも簡単ではありません。主婦の家事のように、「労働」に入れ（経済学を）考えるべきだ、という異論があるものもあります。私はここでは敢て理屈抜きで、通常「経済学」では「労働」をこのように規定している、と示すだけにとどめます。

3　労働観

労働についての価値観は労働観です。これは十人十色です。できれば労働せずに、一生遊んで暮らしたい、と思う者もいるかもしれません。バリバリ働きたい、と思う者でも、稼いで豪華な暮らしをしたい者、好きな仕事や力を発揮できる仕事で自己実現したい者、社会に貢献したい者など、目的は多様であり得ます。そのどれが「正しい」と言えるものではありません。しかし民族や時代によって支配的な労働観や特徴的な労働観があり、また人さまざまと言ってもある程度の類型を考えることはできます。以下は思想史的に重要と思われる労働観です。

古代ギリシャは西洋の学芸の源であり、紀元前五世紀頃が最盛期でした。そこでは労働は卑しい活動とみなされました。しなくてすむならしなくてよい、むしろしないほうが立派な人間とされました。とはいえ労働なしには社会は存続できませんが、古代ギリシャでは奴隷制度があり、奴隷主は奴隷に労働させせます。ただしそうした者もただのんべんだらりとしていたら立派とはみなされません。「一生懸命働いて儲けた者」でなく、学問、政治（戦争を含む）、スポーツなどですぐれた者が価値ありとされます。言い換えれば政治や文化は経済の手段でなく（したがって「職業」としてあるのでなく）自己目的として追求されました。

紀元一世紀、パレスチナ地域で活動した**イエス**に始まる**キリスト教**はこれとは違い、「働かざる者食うべからず」を教えとします。その意味付けは内部での違いもあります。

ローマ教皇を神の代理人とする**カトリック**では、はじめ働く必要のない楽園にいた人間が、神の掟を破り追放され、今後は「額に汗して糧を得ることになろう」と告げられた、という『旧約聖書』での物語を使います。それゆえ労働は、罪を犯した人間が負うべき神からの**罰**の一つだ（もう一つは出産）とします。

神と聖書は信じるが教皇や教会は権威としない**プロテスタント**では、労働は神が人に与えた尊い義務とします。これを始めた十六世紀のドイツ人**ルター**は、職業召命説を唱えました。**カルヴァン**もこれを受け継ぎ勤労を勧めました。それは義務だからであって儲けを目的としてはなりませんが、結果として儲かるならばそれは神に選ばれているしるしとします。しかして得られた利潤は貯蓄して生産の拡大に回すべきであり、消費でなく生産自体が目的なのです。このような倫理は台頭しつつある、資本蓄積期の市民階級に適したものでした。（働かないのはいけないが）あくせく働いて金をためたりするのはまっとうなキリスト教徒のすることじゃない、ユダヤ人のような卑しい奴だ、とさげすまれるより、経済的成功が宗教的救済の確証になると言われるほうが、彼等に魅力なのは自然です。カルヴァンはフランス人ですが、ドイツに亡命しようとする途中、スイスのジュネーヴで宗教改革の指導者として乞われ、彼の思想はここを拠点に西ヨーロッパの市民階級に広まりました。マックス・ヴェーバーは、彼を中心とする「禁欲的プロテスタンティズム」の倫理が、資本主義の「精神（エートス）」を準備したと考えます。

十七世紀のイギリスの哲学者**ロック**は、理性とならんで労働を人間の本質とみ、労働によって得た所有は不可侵の権利であると考えました。彼の理論は**市民社会**の原理として重要です。

十八世紀のフランスの哲学者**ヴォルテール**は、キリスト教に強く敵対した人で、この宗教が罪深いものとして否定した現世における物質的富の追求を、彼は肯定しました。無論たとえば犯罪で、つまり現世的秩序を侵害して富を得ようとすることは彼も認めませんが、欲を満たそうとすること自体は自然で合理的とし、むしろそのために知識や技術を**進歩**させる力として評価しました。

こうした近代的思想を持つ市民階級は、経済的・政治的・文化的に自らを中心とする**資本主義社会**を、十九世紀には確立しました。

しかし今度はその資本主義に対立する動きが労働者階級を中心に起こり、その理論をつくったのがドイツ人**マルクス**です。彼もドイツ観念論哲学を継いで労働を人間の本質としますが、資本主義における労働者の労働は、賃金を得る手段としていやいや行なわざるを得ない苦役になっているという**疎外**に注目します。そこで労働者が資本主義を克服する社会主義革命を行なうことを、彼は必然と考えました。

二十世紀末に台頭したのが**新自由主義**です。これは資本主義の立場ですが、ヴォルテールのような単純な物欲に訴えるものではありません。消費自体よりも他人との差（不平等）を問題にします。この不平等とは身分的なものではありませんが経済格差はむしろ競争（的情念）を刺激することにより経済活力を生むと評価するものです。

歴史的順序で述べましたが、より新しいものがよりよいと考える必要はありません。またそれぞれの社会での支配的な労働観が「正しい」と考える必要もありません。

事実問題としてなぜこれらの変遷があったのかということは、思想史の研究に属します。また自分がこれらの、または他のどんな労働観を選ぶかは、各人の価値観、または哲学的思索に属します。

4　生産力の規定要因

生産力は、①労働力②労働対象③労働手段によって規定されます。同じ労働力を農業で用いても、たとえば肥えた田畑か痩せた田畑かによって、生産力は異なります。また同じ田畑で労働しても、千歯こきや備中鍬を使うのか、トラクターや耕運機を使うのかで、生産力は異なります。

労働力の基底要因としては、a．まず労働量が挙げられます。もしある工場の労働力を増したいなら、労働者を増やすことが、人数を増やせないなら残業させるなど、労働時間を増やすことが考えられます。b．もし労働時間が一定なら、熟練や技能に規定されます。経験者や有資格者が働けば、同じ時間でもより多くの生産が可能です。c．最後に、分業の程度があげられます。同じ量と質の労働であっても、分業が進むほど生産力は上がります。

分業には二種類が区別されます。第一は、農業と工業のような、産業または職業に分かれることで、社会的分業と言います。これははじめは性・年齢・地域など自然的差異により、大昔から行なわれました。第二は、一つの生産物のために作業工程を手分けするもので、工場内分業と言います。

5　生産関係

生産には労働と生産手段が必要ですが、その関係によって階級が決まります。労働する人々が生産手段を共有していれば階級はなく、原始社会はそのようでした。人間・土地・貨幣などが生産手段として私有されていればそれを持つ者と持たない者との間で階級の違いが生まれますが、このような階級間の関係が**生産関係**です。ここで注意すべきは、**階級**とは経済的立場の違いであって、政治的地位の違いを指す**身分**とは区別しなければなりません。たとえば資本家「階級」と言って資本家「身分」とは言わないのは、両者は法的には平等であって政治的な権利・義務の違いはなく、違うのは雇う側と雇われる側という経済的立場だからです。

6　分配の仕方

同一のものの生産者と消費者が異なるとき、両者を結びつける行為が**分配**です。分配の仕方は三つあります。a．私達がすぐに思いつくものが**交換**です。物々交換もありますが、貨幣を媒介すれば売買です。b．**贈与**は、交換経済が発達していない未開社会では主要な分配法です。交換経済の未発達を原因として贈与が行われる場合と、交換経済の発達（したがって経済格差）を意図的に防ぐために、ポトラッチなど、贈与が制度化されている場合があります。交換経済が発達している社会でも、家庭内や企業内では交換でなく持つ者が必要な者に与える贈与です。これは家族や企業が多くのものを共有していてその限りで共同体的な社会であることを示しています。政府や自治体の公的活動の一部やボランティア活動にも贈与はみられます。純粋に私的なものも含めて、「あげる」「もらう」という分配も意外と多いのです。c．さらに収奪や搾取も実は分配のあり方の一つです。①その中には「盗む」「奪う」などのような不法なものがあります。犯罪は道徳や統治の観点からはあるべきでありませんが、経済学の観点からは、だからないものとして無視することはできません。たとえば窃盗は犯罪ですが、商店主が万引きされないものとして振舞ったら、経営は成り立ちません。何もしなければどれだけ盗まれるかを考え、警備会社と契約するとか監視カメラをつけるとか、対策を講じなければなりません。しかしまた万全の対策で万引きがゼロであっても、その経費により赤字になったら、警察や倫理の観点ではよくても、経済的には無意味です。②またこうした明らかな犯罪のほかに、賦役や貢納など、制度化されているものもあります。これらは交換でも贈与でもなく、身分制度などにより、労働力や生産物などをただ取りされてしまうものです。後の道徳観からすれば「不当」と言えましょうが当時としては当然と考えられるもので、こうした行為も分配のあり方として経済現象の一部として考察しなければなりません。

7　消費の仕方

消費の仕方としては、次の区別が経済学的にはまず重要です。a．私達がまず思い浮かべるのは、衣食住などの消費財の消費です。b．他方で原料や道具などの生産財の消費もあります。これは他の財物の生産の裏面です。またaの消費財の消費は、実は労働力の生産でもあります。つまりどちらの消費も他のものの生産でもあります。「生産」と「消費」とは言葉の意味としては反対ですが、現実においては一枚の紙の表と裏のように切り離されないものであり、またそれによってこの二種類の生産と消費が互いに結び合ってぐるぐる循環する過程となっています。

第二章　商品経済

1 分業と商品

現代日本では、物質的な富のほとんどは商品として存在します。**商品**とは、ふつうは売られるための生産物で、「売る」とは貨幣との交換ですから、広くは交換されるための生産物です。

生産物が交換されるには社会的分業が前提とされます。これははじめは人々の自然的な差異にしたがって起こったものと考えられます。男女の性別、年齢、生活している地域の違いなどです。しかしたとえば夫婦が分業していても、経済学的な交換を行うこと、たとえば家事労働をする妻に夫が給与を払うことはありません。これは家族が共同体として基本財の共有という原則だからです。原始的な村落も共同体であるならば、その生産物は、働いていない年寄りやこどもにも、共同体の一員として認められる限り、対価なしで与えられます。すなわち分業は交換の必要条件ですが十分条件でなく、分業しても共同体の内部では贈与が行われますから、交換はある共同体と他の共同体の間で始められたと考えられます。たとえば海辺の村でとられた魚が山の中の村で作られた炭と交換されるなどです。はじめはたとえばたまたま魚が大量のとき、炭なり茸なりと交換したが、こうした関係が習慣化すれば、村で使わない炭を交換用につくっておいて魚や塩と交換しようともします。この炭は商品として作られたわけです。

2　商品と市場

ある生産物が商品であるための必要条件は何でしょうか。第一に、それが有用であることにより商品が**使用価値**（worth）を持っていることで、これは買い手にとっての意義です。第二に、他の商品と交換できるという**交換価値**（value）を持っていることで、これは売り手にとっての意義です。経済学で主に問題にされるのは後者なので、以下単に商品の「**価値**」というときにはこれを意味するものとします。あるものに使用価値があるといえば「どんな」使用価値なのか、食べられるものか、着るものかといった質が問われます。他方価値があるといえば「どれだけの」価値なのか、どれだけの金銭と交換できる（すなわちいくらな）のか、とった量が問われます。

商品とは交換されるための生産物であり、商品の交換が**市場**です。「いちば」と読むときは交換する実際の場所を意味します。青物「いちば」はどこにあるとか、石原都知事はうお「いちば」を築地から危険な場所に移そうとしたとか言います。「しじょう」と読むときは交換関係そのものを指し、実際の場所がなくてもかまいません。インターネットで売買が成立すれば「しじょう」があると言い、オークションに出したものに買い手がつかなければそれの「しじょう」が成り立たなかったというわけで、他方うお「しじょう」が築地にあったとは言いません。商品とは交換されるための生産物であり、交換行為が市場ですから、「**商品経済**」と「**市場経済**」は同じことを指します。

市場経済（a）だけが経済ではありません。交換でなく、贈与・収奪・搾取等により分配が行われる経済（b）もあり、所有者が替わることのない自給自足経済（c）もあります。近代以前ではb・cの補足としてaが行われました。たとえば村で必要なたいていのものは村で自給自足し、年貢は領主にとられ、村で作れない絹織物をどうしても欲しいときは近くの町で十日ごとに開かれる市に行って家畜と交換してくるとか、薬だけは年に一度富山から来る行商人から買っておくといった具合です。近代以降は逆に市場経済が主で、他の要素が補足となり、むしろそのような段階を経済史上の「近代」と呼ぶこともできます。

3　貨幣

交換が発達すると**貨幣**（金銭）が生まれます。貨幣には次の機能があります。①交換の媒介。物々交換では、たとえばAが果物を手放して肉を欲しいとしても、肉を手放して果物を欲しがっている人をみつけるのはたいへんです。そこで彼はとりあえず何とでも交換できる貨幣を手に入れ、その貨幣を手放して肉を得ます。手間を二度に分けることで、目的にはるかに手軽に到達できます。②価値の尺度。商品は価値を持ち、それは量が問題でした。その量はどれだけの貨幣と交換可能なのかによって計られ示されます。たとえばあるパソコンが一台十万円で、ある車が一台百万円なら、一台あたり後者は前者の十倍の価値があるわけです。この際それらを実際に買う（交換する）必要はなく、その際に必要な貨幣の量がわかれば十分です。③支払い手段。租税を貨幣で納めるとか、罰として金銭を支払うことが課されるような場合です。④価値の保存。商品には価値があり、消費すればなくなります。肉を食べればその価値はなくなりますが、食べずにおいても腐ってしまえばその商品価値はなくなります。しかし肉を売れば貨幣というかたちでその価値は保存されます。後でまた肉が食べたくなるなり他のものを消費したくなるなりすれば、その貨幣で肉なり他の商品なりを買えます。

「貨幣という物」が作られる前に、まずは特定の商品が貨幣「として」使われることが起こりました。米でも家畜でも、上に挙げたような機能が果たされていればその商品はその社会の貨幣でもあるわけで、それを①**物品貨幣**と呼びます。「貨」とは貝、「幣」とは布を表しており、古代中国でこれらが物品貨幣であったことがうかがわれます。しかし多くの社会で金・銀・銅の貴金属を貨幣とするようになりました。貴金属は長時間たっても変質せず、分けても部分によって品質が変わらず、価値のわりにはかさばらない等、貨幣とするのに利点があります。はじめは貴金属そのものをその場で量って他の商品と交換し、またその重量で商品価値の尺度としたので、これを②**秤量貨幣**といいます。そのうち大判・小判のような同じ形・重さの金属貨幣を作るようになり、これを③**鋳造貨幣**（硬貨、コイン）といいます。歴史上最初の硬貨は紀元前七世紀にリディアという国で作られ、日本では紀元後七世紀頃から「富本銭」や「和同開珎」が現れました。次にできたのは紙幣です。これは製作しやすくより持ち運びやすいという利点がありますが、しかしそのものとしての価値がほとんどないという大きな欠点もあります。紙幣が貨幣として通用するのは、そこに記された価値を持つ商品と交換できるものとするという社会の取り決めによってに過ぎず、それが信用されなくなるとただの紙切れでしかありません。貴金属ならそれが貨幣「として」通用しなくなっても、もとの貴金属として本来の価値で他のものと交換できますが、紙幣ではそうはいきません。そこで紙幣を通用させるには、あくまでも補助的貨幣として、発行者は本来の貨幣である貴金属（本位貨幣）を持っていて、紙幣はそれと交換するという保証をつければ、安心して受け取られるようになります。これを④**兌換紙幣**と言います。現在の日本の紙幣はそこに「日本銀行券」と記されているように発行者は日本銀行で、はじめは兌換紙幣でしたが、いまはそうした保証のない⑤**不換紙幣**です。これを乱発すると信用がなくなってしまうので、貨幣の量は政府が管理する**管理通貨制**をとることで、貨幣としての信用を保って通用しているわけです。もっとも政府の管理といっても政府とは政治家や役人等のことですから、信用しないという人もいます。大量の富を持ちそれを保っておこうとする者の中には、そういう考えから、紙幣でなく金（きん）などの形で蓄える人もいます。（ちなみに硬貨は財務省が発行しているのですべて「日本国」と記されています。）

4　価格と市場

商品は価値を持ち、貨幣がその尺度となっています。商品価値をそれと交換される貨幣の量で表したものが**価格**（値段）です。

価格は商品により異なりますが、同じ商品でも変動します。米は豊作のとき安く不作のとき高くなります。同じ取れ高でも米よりパンを食べる人が増えれば安くなります。すなわち買いたい量である**需要**が大きいほど高く、売りたい量である**供給**が大きいほど安い、という関係があります。逆に需要と供給の量、すなわち需給量のほうも価格によって変動します。高価格ほど需要は少なく供給は大きい、という関係です。以上はいろいろな時点での要素間の関係性としてもみられますが、価格や需給量の時間的変動を理解するにも役立ちます。たとえば供給より需要が大きければ高価です。このとき供給を増やそう（売って儲けよう）という動きと買うのを控えようという力が働きます。供給が増し需要が減るので、値段は下がります。どこまでかというと需給量が一致するところまでで、もしそれ以上下がると今度は逆の力が働いてまたここまで価格を上げる動きが起きます。このように考えると、価格の変動は需給量が一致したときの価格、すなわち**均衡価格**を中心として上下する、とまとめられます。これを別言すると、価格は需給量の変動を通じて自動的に均衡に向かう傾向を持つわけで、これを**市場機構**と言います。この説明で重要なのは「自動的に」という部分です。これは第一に、予め計画しなくても、という、第二に、政府などが命令しなくても、という意味です。たとえば供給過剰になれば低価格で儲からなくなりますからおのずから供給を減らし、需要過剰なら高価格で儲かりますからおのずから供給を増やします。これだけ需要が見込まれるからもっと作れとか、高すぎるから値下げしろとか、命令しなくても、過剰が増し続けるとか、いつまでも不足のままであるとかにはなりません。これは第三に、市場の当事者（**市民**）は、他人や世の中全体でなく自分の損得で行動（売買）しながら、ちゃんと秩序がつくられていくということを意味し、これを**アダム・スミス**は、「神の見えざる手」による調整と形容しました。

〈☆人物〉**アダム・スミス**（Adam Smith, 一七二三—九〇）はイギリスの理論家。グラスゴー大学教授。著書『道徳感情論』（一七五九）『諸国民の富』（一七七六）。労働価値説、工場内分業の意義、市場機構などを説いて古典派経済学を代表し、重商主義に反対して自由放任主義に賛成した。

この市場機構は、需給量が任意に変えられることを前提としています。たとえば売れるとなったら供給を増やせるから値段が下がる、という理屈です。もしある商品を供給できるのが特定の企業だけとか国営であるかとで、その会社なり国なりが敢て増産しなければ実際の価格は均衡価格よりも高いままであり得ます。こうした**独占価格**は、市場機構の例外です。

5　貨幣価値

商品の価値は貨幣で示されますが、貨幣の価値は商品で示されます。同じ貨幣量（たとえば一万円）と交換される（で買える）商品の量が少なくなれば貨幣（一万円）の値打ちが下がった、というわけです。貨幣価値の減少を**インフレーション**といいます。同じお金で買えるものが減るということは、同じものを買うにはより多くのお金が必要になるということですから、これは物価高です。逆の事態が**デフレーション**です。略してインフレとデフレで、いろいろな立場により有利でも不利でもあり得ますが、社会全体としてはどちらも一長一短です。たとえばデフレは物価が安くなることで、これは買い手という立場からすればいいことでしょうが、よほど安くしなければ売れないということになれば、売り手としては利益が得られなくなり、そうなると会社がつぶれたり失業したりが増えますから、いいとは言えません。インフレでは逆です。はっきり言えるのは、急激なインフレやデフレは経済を混乱させてよくない、ということです。

6　商品価値の規定要因

商品の価値は何によって決まるのか。これは特定商品の価格の変動要因を尋ねているわけではありません。たとえば商品ａが均衡価格で一個百円、ｂが均衡価格で一個二百円なら、ｂはａに対して一個あたり二倍の価値を持つことになります。ａとｂは別の商品なので十分あることですが、その原因は何か。どちらも均衡価格で比べているので、需給量は関係がありません。原料の違いだと言っても、その原料の商品価値の違いは何かと尋ねれば、問題を先送りしただけです。これは意外と難しい問題です。

スミスはこれに対して、商品の価値はそれを生産するのに必要な労働の量によって決まる、と答えました。これを**労働価値説**といいます。たとえばａ一個をつくるのに一時間、ｂ一個をつくるのに二時間かかるならば、ａとｂの価値の比は一対二になります。ａを持っている人とｂを持っている人が交換するならば、ａ二個に対してｂ一個を交換するというのが互いに納得できる割合だという点では、これは理解できる説です。しかしいくつか補強が必要です。まず労働量を労働時間で測りましたが、無論これは延べ時間です。ｂ一個に一人が二時間かけても、二人が一時間でも同じです。そしてこれは社会的平均時間です。たまたまａを作る者が勤勉に手際よく一時間でつくり、ｂを作る者が怠けたり下手だったりして二時間かかれば、商品ｂが二倍の価値を持つ、ということはあり得ません。市場全体の平均労働量による値段でしか商品は売れないので、怠けてひとより手間をかけた者はかえって損をします。機械を使って早く作れる商品はその分安くなるか。その機械を生産するための労働量を含めなければなりません。あっという間にできてしまう商品でも、手間隙かかって作られる機械が必要なら、そう安くはなりません。労働そのものにも質の違いがあるのに単純に量で比べられるか。同じ一時間の労働力でも、誰でもできその時間だけですむものより、特別の知識や技術がいる労働力のほうが高い価値を持ちます。しかし後者はつまりそうした知識や技術を身につけるための時間や準備や訓練のための時間を含めなければならないからです。このようにいろいろな考慮があって単純ではないものの、原理としては商品の価値は労働量によって決まり、その労働量は時間を尺度にして比較できる、というのがスミスの労働価値説です。これは日常たくさん出回っている商品が前提で、稀少品は例外です。世界に一つしかない芸術作品や、人気のタレントが身につけたりスポーツ選手が使ったもの等は、（欲しい人がいれば）生産に必要な労働量とは無関係に、いくらでも高くなることはあります。量を比べられるためには、共通のものがあることが前提です。人間ａ、ｂ、ｃ等を比べるなら、身長なのか体重なのか、こどもの数か虫歯の数か、同じものに着目してでなければ無意味です。ある商品の価値が他の商品の二倍であるとか三分の一であるとか比べられるには、商品一般に共通のものがあるはずで、それが労働であるというのがスミスの説です。

〈補論〉商品一般の条件として他に有用性があったが、これは価値の本質であり得ないのか。有用性は「食料」とか「衣料」とか質の違いがあり量で比べられない。しかし「有用性一般」を考えられないか。そしてそのはかり方として、今私がいろいろな商品一単位に対して所得のどれだけを割り当てるかで表せないか。だが有用性は主観的であり、私が商品ＡとＢの有用性を１：２と評価しても君にとっては１：４かもしれない。このとき商品自体の価値はどうなるのか。平均して１：3だとするのか。だが①基準となる「1」の価値が（たとえば所得だけでなく好み等も異なる）私にとってと君にとっては同じでなく、それらをただ数の上で「平均」しても何の意味があるのかわからない。また②有用性の尺度として購入額（引き換える貨幣量）を用いるのは循環論法でないとしても、この前提では貨幣の価値も主観的となる（「一万円」の「価値」は私と君とで違う）はずなのでそれを尺度とすることも不条理である。要するに主観的なものである有用性（効用）を商品価値の本質と見ることには無理がある。

7 景気

商品は売られるために生産されるものですが、よく売れるときと売れないときがあります。生産や消費が増えている状態は好景気または**好況**といい、減っている状態は不景気または**不況**といいます。なんらかの理由（たとえば人口増加）で需要が増せば生産も増やされます。需要増はふつう無限ではないので増産にも適量があるはずですが、しばしば供給過剰になるのが市場経済の特徴です。注文を受けてから作ればそうはならず、昔の職人やいまでもかなりの希少品等ではそういうやり方ですが、多くは需要を見越して生産されます。雛人形が売れているときには既に五月人形の仕上げが行われており、夏には秋冬物のファッションショーが行われます。多くの商品は需要量も予想できるので、それを生産者に合理的に割り振れば過剰にしないことも理論的に可能かもしれません。たとえば地デジ対応のテレビの需要が日本であとどれくらいかはだいたいはわかるので、それを生産各社のいままでの販売実績にあわせて作らせるというやり方です。しかしふつうは各社ともそうしようとは思わず、いままで以上の割合で売ろうとし、自社の商品が過剰にならなければ問題でありません。このような生産の無政府性により、結果としてどの社も過剰にならないのはむしろ僥倖であって、全体としては供給過剰が生じます。作っても売れなければ駄目なので売り手は価格を下げ、儲けを減らします。それでも売れない商品を抱え込むと倒産したり、減産しようと派遣を切ったりして失業者が増えます。会社も労働者も儲からない状況では消費は落ち、生産も消費も減る状況つまり不況になります。とはいってもふつうすべての会社がつぶれることはないので、不況で生き残った会社は、つぶれたところの分も獲得すべく増産する意欲が準備されますし、その際失業増で安く人を雇えるという意味でも好機です。また不況でも万人が貧しさにあえぐわけではなく、物価がある程度以上に下がればそれなら買おうという意欲がより強くなります。こうして不況もある点（「景気の底」）からは好況に向かい、このように**循環**します。

景気はこのような在庫調整の面からの循環以外にも、いろいろな要因で変動します。戦争や革命等の大きな社会変動も影響を与えます。大きな地震、津波、旱魃、冷害など自然災害からも影響されます。近年の経済で重要性を増しているのが**技術革新**（innovation）です。たとえばＩＴ革命等で、その場合新たな分野を創出し関連分野を活気づけるとともに廃される分野もあるので、経済学者シュンペーターはこれを「創造的破壊」と呼びました。

8　市場の失敗

市場はよくできた仕組みですが、問題点も含んでいます。遠距離で多量に売買するとき、商品を運ぶのに人が担いで行くよりもトラックを使えば、早くたくさん運べ、売り手にも買い手にも得です。しかし二酸化炭素を撒き散らして他の人々に被害を与えます。事故での被害も人同士と比べてはるかに重大です。このように当事者の利得のために第三者に被害を与えることを**外部不経済**と呼びます。今日では特に環境破壊は重大な課題です。市場機構がその解決に役立つこともゼロではありませんが、それとは別の意識的な取り組みが必要で、少なくとも放任すれば神の見えざる手で調整される、というようなことはあり得ません。

不況のとき消費者が買い控えるのは市場経済では正しい選択です。自分の勤め先がつぶれるかもしれないとか自分に仕事が来ないときにローンを組んで新車を買うのは明らかに間違った行為でしょう。同様に生産者なら仕事を減らすのが正しい選択で、人を増やして増産するは間違っています。しかしすべて消費者が買い控え、すべての生産者が人減らしをすれば、不況は厳しくなるばかりで、自分の首を絞める結果につながります。このように個人的には正しい行為もみんなが行うと正しい結果にならないことを「**合成の誤謬**」と言います。こういう事態は市場にだけあるものではありません。映画館で特に背が低くない者も前が邪魔でスクリーンがよく見えないとします。このとき立って見るのは「画面をよく見る」という目的に対しては合理的です。しかし全員が同じ行動をすれば、結果として誰もよりよく見えるようにはなりません。問題なのは映画館の構造なのです。市場も同様です。「間違った」行動をしているため、または努力不足で成功しないことも勿論ありますが、社会制度が問題の場合もあり、それまで個人の「自己責任」に押し付けるのは詭弁です。スミスは制度「設計」を問題にしませんでしたが、それはまさに市場は諸個人が合理的に行為すれば「神の見えざる手」で自動的に調整されるから、むしろ放任されるべきだと考えたからです。このこと自体は、スミスの責任とは言えません。彼は市場経済の限界や欠点がはっきり現れていなかった十八世紀に生きていたからです。

9　市場経済の倫理

前項で「正しい」選択など言いましたが、この場合の真偽は数学や科学のそれと、また道徳的な意味とも異なり、「当事者個人にとって得となる」ということに過ぎません。不況時に借金して消費拡大するのが「間違っている」というのは、当人に損になる（可能性が高い）という意味です。つまり市場では個人が自分が得するように行為することが「正しい」ことであり、（義務や正義でなく）我欲の追求（スミスの言葉では「自愛心［self-love］」）が肯定されています。これはどの社会でも当然ではありません。前近代社会でも、禁欲はさすがに僧侶など特別な者の規範で、一般人の欲望一般が罪悪視されはしないにしても、そこでは「身の程を知る」ことが第一の規範です。しかし市場経済――とそれを土台にした市民社会――では、欲の無限の追求がむしろ「夢」として評価されます。そして「身の程知らずに」そうしてよいならば**競争**も是認され評価されます。先ほど景気循環のところで市場経済では過剰生産が生じることを述べました。「計画経済」なども持ち出さなくても、競争でなく「談合」によってもそれは避けられますし、事実そうするのが日本的慣行でした。市場経済にとっては競争の長所のほうが大きいとしても、それが人間の倫理としてよりよいかどうかは考えられるべき問題です。我欲が肯定されるということは、他人をその手段とすることが肯定されるということです。売り手は買い手を、買い手は売り手を自分の道具とする、とスミスは説いていますが、これは罪深いことです。むしろ売り手はできるだけ安く売ってあげ、買い手はできるだけ高く買ってあげようとしてよいくらいですが、これは商品経済になりません。我欲の追求はそれ自体罪深いだけでなく、自分の必要の正直な表明への攻撃は、市場経済の許せない悪徳です。すなわちスミスが言うように、そこでは自分の欲求を実現するためなのに、(相手が売るなり買うなりすることが「あなた自身の得になる」と)他人の欲求に訴える(すなわち弱みにつけこむ)者が「まっとうな市民」と評価され、正直に自分の必要を訴えるものは「憎むべき乞食」とさげすまれるのです。与ひょうは純粋な同情からつうを助け、つうは恩に報いるべく布を織ります。与ひょうが布を都で高く売るべく、すなわち商品として生産させようとするとき、彼の言葉は彼女に通じないものになります(木下順二『夕鶴』)。共感と道徳を破壊する市場経済は罪悪の体系です。太宰治の『斜陽』の女主人公は、「経済学というものがまったく理解できないのかもしれない」と告白します。「人間というものは、ケチなもので、そうして、永遠にケチなものだという前提がないと全く成り立たない学問で、ケチでない人にはとっては、分配の問題でも何でも、まるで興味の無い事だ」と。彼女が(もしかすると作者も)理解していないのは、本当の経済学は、人間「というもの」がケチなのでなく、人々がどういう社会的条件においてケチになってしまうのかを、したがって「永遠に」そうでなくどうしたらそうでなくせるのかを解明する学問だ、ということです。

第三章　資本主義経済

1　資本主義の特徴

資本主義という経済の仕組みは、次のような特徴を持ちます。第一に商品経済（第二章）が支配的であることです。第二に、生産手段（第一章）が私有されていることです。第三に、労働力も商品として売買されていることです。これがすなわち「雇用」です。第四に、生産の目的が資本家の利潤であることです。

資本主義が経済の中心である社会が資本主義社会です。その支配的な階級は**資本家階級**です。「資本家」とは資本を持つ人で、「資本」とは「もとで」のことです。「もとで」でまずイメージされるのは金銭でしょうが、「金持ち」がすなわち資本家（capitalist）ではありません。大金を持っていてもためているだけではだめで、それを増やすときにはじめて「もとで」と言えます。増やすためにはそれをいったん別のものに変える、すなわちものを買うことが必要ですが、消費財の購入では増えないので、生産手段に変える必要があります。もとから持っている者を含め、資本家の第一条件はだから生産手段の所有者であることです。当然それは生産を行うためですが、それにはさらに労働力が必要です。そこで彼等はそれを買い（すなわち労働者を雇い）、生産を行って、その結果として利潤（儲け）が得られた場合、はじめて本当に資本家と言われます。そこで資本主義には**労働者階級**も必要です。資本家が単なる「金持ち」でないように、経済学で言う「労働者」とは単に「働く人」ではありません。さもないと資本家だってある意味では働いているから「労働者」だ、などと言われて混乱してしまいます。経済学上の「労働者」とは雇われて働いている人、すなわち労働力を商品として売っている人のことです。生産手段を持たない人は、生活費を得るためには、（特に資産がなければ）自分が売れる商品すなわち労働力を資本家に売る（すなわち雇われる）必要があるからです。こうして資本家と労働者とは、資本主義に欠かせない二大階級ですが、実際の資本主義社会には他の階級も存在します。**地主**は生産手段としての土地を持ちますが、それを他人に貸して対価として地代を得る者です。それ以外は中間階級（または小市民階級）と総称されますが、生産手段を持ち、雇いも雇われもしない者です。自作農・自営業・自由業などが含まれます。

（経済的）階級は（政治的）身分と区別しなければならないことは既に（第一章）注意しました。経済的な立場で分かれる階級は、仕事内容による職業の区分とも同じでありません。医者でも勤務医なら労働者、小さな医院を開業していれば自営業者です。芸術家でも劇団や楽団に雇われてそこからの給与が主な収入源なら労働者で、自作の絵画や文芸を自由に売っているなら自由業者です。公務員も雇い主が資本家でなく政府や自治体であるだけで労働者階級に属します。ただし資本主義国の高級官僚は高い給料のほか天下りの習慣などもあり、大企業の幹部同様、建前上は雇われる側でも機械的に労働者と決められない面もあります。また意図的にごまかす場合もあります。「事務所」に属する芸能人や芸人などが、仕事の内容や条件を自分では選べず実態からすれば雇用関係なのに、法的には「請負」などと偽装して労働法規を免れようとする場合などが有名でしょうが、近年はチェーン店の「名ばかり店長」の例なども話題になりました。

2　資本主義の前提

日本を含め今日の「先進国」はふつう資本主義社会です。そこからすると、たとえそれが嫌いあるいはいやだとしても、資本主義というものが成立するそれなりの根拠があると言えましょう。しかしまたそれがずっと昔からそうでなかったことからすれば、たとえそれが最善のものだとしても、それが成立するには何らかの条件が必要であるとも言えましょう。

江戸幕府は少なくとも意識的には資本主義にならないように努めましたが、明治新政府は日本の資本主義化を図りました。そのためには外国人技師や教師を高給で雇ったり優秀な若者を留学させたりして、産業技術の摂取に努めました。資本主義に必要な技術的前提は、マニュファクチャーから始まります。これは（歴史用語としては）**工場制手工業**と訳されますが、重要なことは、労働者が工場に集められることで（協業も進展しますが）工場内分業が可能になったことです。これはそれ自体として生産性を上げるだけでなく、機械の導入の呼び水ともなります。（幕末では自生的マニュファクチャーが既にあり、これが明治期の発展の土台になったとも言われます。）手工業から機械工業への転換が**産業革命**であり、これにより大工業による大量生産が行われるようになりました。その担い手として大量の工場労働者が生まれ、産業資本家に雇われ、資本主義を確立したのがこの産業革命です。最も早くは一七七〇年代のイギリスに始動し、新たな機械の動力装置として蒸気機関を改良したワットは有名です。他国にも広がり、フランスでは七月革命後の一八三〇年代から、ドイツでは三月革命後の一八五〇年代から始まり、ロシアでは皇帝が一八六一年に農奴解放令を出してから始まり、アメリカでは南北戦争後の一八七〇年代から急速に進み、日本では一八九〇年代に日清戦争の勝利を契機に始まりました。ここまでがいわゆる「列強」入りした諸国であり、それ以外は多くこれらの国の植民地やそれに近い状態にされてしまいました。

ワットは蒸気機関の改良者であり発明者ではありません。知られている限り最初の発見者は古代アレキサンドリアの学者ヘロンです。ヘロンがワットほど有名でない理由の一つは、彼の発明が「世の中を変える」ことにつながらなかったからです。彼が蒸気機関で作ったのはおもちゃに過ぎず、世間はこれに驚きはしましたが、ワットの技術が蒸気織機、蒸気機関車、蒸気船などにつながっていったのとは比べるべくもありません。ではなぜヘロンはおもちゃしか作らなかったのか。彼の時代が奴隷制社会だったので、生産に機械を導入して自由人の労苦を軽減しようとか生産性を高めて儲けようとかの発想がなかったからです。すなわち資本主義の確立には技術的前提だけでなく社会的前提も必要であり、イギリス以下の諸国でそれが始まった時期が異なること、そして多く革命などを契機としていることの理由がここにあります。

資本主義には労働者が必要ですが、大昔から労働者がいたわけではありません。むろん「働く人」はいましたが、中世でその多くは荘園などに属していました。こうした農村共同体が崩れて土地を失った人々が増えるのが近世です。そうなった事態をイギリスで説明すると、まず領主が自らの荘園を私有地として農民を追い出した「囲い込み運動」があります。労働力である農民を追い出したのは羊を飼うためで、背景にはイギリスにおける毛織物業の発展があります。土地を失った人々は都市に流れてはじめは乞食や犯罪者となりましたが、次第に興隆するマニュファクチャーで雇われるようになりました。十八世紀には農業における生産性向上で過剰となった農民の労働者化もありましたが、こうした事態は資本主義成立の経済的前提です。

また資本主義には資本家が必要ですが、単なる「金持ち」でなく、都市に工場を建て労働者を雇うためには、経済的自由が必要です。土地を売買する自由や、移動し職業を変える自由、労働力を売買する（すなわち雇ったり雇われたりする）自由などですが、たとえば江戸幕府はそれらを認めていませんでした。身分制度を廃止し経済的自由を保障することが市民革命の本質ですが、資本主義にはそれが、少なくともそれに近い改革が前提となるので、諸国の産業革命がこうした政治的変革に続いたのはそのためです。

3　商品の価格

資本主義は商品経済に基づき、商品は価格を持ちます。価格は商品の交換価値を貨幣で示したものでしたが（第二章）、構成分からみると**生産費**と**利潤**に分けられます。

生産費をさらに分析すると、流動資本と固定資本に分かれます。**流動資本**とは、生産費のうち、一回の生産ですべて使われるもので、原材料費や人件費（賃金）などが含まれます。道具や機械などはそうでなく、**固定資本**と呼ばれます。資本主義では会計が重要ですが、この区別は会計に欠かせません。たとえばあるパン製造会社で、一年分の原材料費（小麦など）が一億円、人件費が一億円とすると、これはそのまま一年の生産費に入りますが、これが流動資本の特徴です。その他にパン焼き器などを一億円で買ったとすると固定資本になりますが、これは買った年の生産費としてそのまま計上はできません。来年も使えるからです。といって費用ではあるので無視もできません。そこで考えるに来年も使えるとしてもそのうちには耐用年数がきて買い換えることになります。それゆえ一年分の費用を出すならその年数で割って、たとえばそのパン焼き器が十年ものならば一千万円がその年の費用として計上されます。いわば一年で減った（つまり使われた）分の価値ということで減価償却費というのです。このパン会社の一年分生産費はそれゆえ一億＋一億＋一千万で二億一千万円です。

ところで別の分け方として、この減価償却費と原材料費をあわせたものを**不変資本**（c）、賃金の部分を**可変資本**（v）とする分け方もあります。不変資本は物にかかる費用、可変資本は人にかかる費用と言えます。この区分の意味は会計上は大きくありませんが、商品の**付加価値**となる部分が可変資本である、ということは言えます。商品には価値があり、減価償却費や原材料費は、その商品の生産に使われた分の機械や原材料などの価値の部分です。しかしパンの価値は機械や原料の価値をたしたものに過ぎないのではなく、新たな価値が加わっており、それはその機械や原料を使って加工してパンという新たな商品を作ったからであり、そこで加わったのが付加価値、それを生み出したのは労働ですから人件費すなわち可変資本というわけです。そのパン焼き器が鉄製なら、パン焼き器は鉄に付加価値がたされており、その鉄は鉄鉱石に付加価値がたされている、というように、より人手のかかった商品ほど多くの付加価値を含んでいることになります。日本は原材料が豊かなほうではなく、人件費は新興国ほど安くはないので、貿易で優位に立つには、付加価値の高い商品をつくることが求められます。

4　賃金

生産費のうち不変資本は、新たな商品を作るために必要な物材として買う商品の費用であり、可変資本は新たな商品を作らせるために必要な人材として労働者を雇う費用で、賃金にあたります。では賃金は何によって決まるのか。高低があり、一概に決まらないように思われますが、下限は純理論的に定まります。それは労働者の生活費です。これは直感的にはわかりやすく思われます。もし賃金がそれ以下なら労働者が生活できなくなるからです。しかしなぜそれはだめなのか開き直って問うと少し難しくなります。生活できないのはかわいそうだというのは感情論で非情な人を説得できません。労働者も人間である以上生存権があり法律で最低賃金が決められている、というのは論点のずれまたは先取りです。確かに現在の日本は最低賃金を定める法律がありますが、それは主に労働者自身の努力で作られたものです。ここでは政治や法律でなく経済の話であり、資本主義という制度では、先ほど確認したように、生産の目的は資本家の利潤であって、労働者への配慮や権利は自動的には出てきません。しかしまさにこの資本家の目的という観点から、賃金は安いほど利潤の分が大きくなっていいというものでなく、労働者の生活費を下限とせざるを得ないことが出てきます。なぜなら労働者が生活できなければ労働もできないわけで、労働がなければ商品の生産ができず、したがってそれを売って儲けることもできないからです。これは原理論であって、生活費以下の賃金しか払わず労働者をいわば使い捨てにするような資本家も時には実在します。仮にそれが可能な状況でも、（そうすればその資本家はその生産においては特に大きな利潤を得ても）労働者の使い捨てがどこでも行われると他のあるいは次の生産を行う労働力が提供されなくなるのでこれは一般原理にはなり得ません。もう一つ断れば、この生活費は本人だけでなくこどもの養育費なども含まれます。さもなければ資本主義が一代だけで終わってしまうでしょう。

　以上のことは、アダム・スミスの労働価値説（第二章）からの説明と合致します。賃金とは労働力という商品の価格ですが、商品の価値を決めるのは、彼によれば、それを生産するのに必要な労働量でした。それを応用すれば、労働力の価値も、それを生産するのに必要な労働量によって規定されます。堂々巡りのように感じる人もいるかもしれませんがそうではありません。労働力とは働く力、エネルギーですから、それを生産するとは、労働者が健康に生活できて体力などをつけることです。そのためには住居や衣服を持ち飲食するなどが必要で、資本主義社会ではこうした欲求を労働者は衣食住などの商品を買うというかたちで満たします。そこで労働力の価値は、労働者の生活に必要な商品すべての価値の合計です。

5　利潤論と重商主義

商品価格の構成分は生産費と利潤でした。では利潤の源は何か。つまり生産費に表される価値に付け加わった新たな価値（剰余価値）はどこから生まれるのか。

生産費は道具や原料や労働力を買った費用であるから、それらで作った商品が生産費以上の価格で売れれば利潤が出たことになります。つまり買うときと売るときの差額というかたちで利潤は示されますから、利潤は売買から生じるように見えます。この外観をそのまま学説にしたのが**重商主義**でした。そしてそれが誤りであることを説明したのがスミスです。ａ：売る人は誰でも自分の利潤のため生産費に価格を自由に上乗せできると仮定しましょう。ところでこの売り手は生産費を払うときには買い手でもありその相手の売り手も仮定により自分の利潤としてその商品の生産費以上の価格を払わせます。売り手として（生産費以上に）得たものは買い手として（生産費以上に）払わせられ、社会全体としては一定の金銭が売買のたびに持ち主を変えてぐるぐる回っているだけでどこでも新たな価値は生じておらず、誰も利潤を得て終わりになりません。ｂ：「誰でも」でなく、買うときには生産費を払うが売るときには利潤を得られる人々が「中には」いると仮定しましょう。その人々（甲）はある人々（乙）から生産費どおりで払い他の人々（丙）に生産費以上で売れるという仮定です。この際は甲が利潤を得たようですが、経済学的にはその分を彼が丙から盗んだのと同じです。法的には違うかもしれませんが、新たな価値がどこから生じるかを説明していない点では、価値の移動に過ぎず盗みと違わないのです。

6　利潤論とスミス

以上から売買つまり流通過程から利潤が生じるという説は正しくありません。これを改め、利潤の源を生産過程に求めた点で**重農主義**は正しかった、とスミスは評価します。しかしその名前に示されるようにそれを農業部門に限定したのは正しくない、と批判します。重農主義者は、農業では自然が人間の労働に協力してくれるので（たとえば百粒の麦をまけば二百粒の実りがあるように）「価値」が増え、これが利潤となるとしました。重商主義同様なるほどと思いがちです。しかし工業で新たな価値が生まれないとするならおかしく、また穀物や野菜が増産できたなら「使用価値」が増えたのであって混同すべきでないとスミスは言います。実際自分で消費するなら増産は結構なことですが、農産物への需要が変わらなければ市場への供給増加は価格低下しか招かないかもしれません。それゆえ価値増殖を「自然」のおかげとするのでなく、人間の行為としての生産行為一般の中にみるべきだ、とスミスは考えます。

利潤が流通過程から生じるのでないということは、資本家がいわば商人として売買する行為から生じるのではないということです。ではそれが生産過程から生じるということは、資本家が（いわば自分に雇われている）労働者として働くことから生じるのでしょうか。スミスはこれも成り立たないと考えます。この場合利潤はいわば資本家が彼の労働力の対価として彼自身から受け取る一種の賃金ということになります。ところで賃金は労働力の対価ですからその額は労働力に比例します。実際たとえば週に四日バイトする者は同じ労働を二日する者の倍の賃金を得ます。現代日本の労働者が同じ労働をすればどんなに雇うほうが違っても（年功制なら勤続年が同じなら）賃金が倍以上違うことはまずないでしょう。しかし資本家の利潤は（同じ業種で同じ年齢でも）二倍どころか二十倍の差があってもふつうであり、アメリカなら二百倍あっても不思議ではありません。統計的事実としては、資本家の利潤は資本家個人の労働力より資本の量のほうにはるかに比例しています。それゆえ「利潤」と「賃金」は本質的に別種の所得です。

以上からスミスは結論します。利潤は資本家がいわば商人として売買することから生じるものでなく生産過程から生じる新たな価値であるが、しかしまた資本家がいわば労働者として自らの労働によって生み出すものでもない、と。ではなんなのだ、と問いたくなるでしょうが、それにずばりというかたちではスミスは答えず、上のことでほぼ尽きています。これに対しまったく別の答え方をする者も、基本的には認めつつもそれでは不十分としてさらに考える者も、そもそもこの問題に答えようとしない者もいます。

7　利潤論とマルクス

スミスの利潤論を「不十分」とする者の代表がマルクスです。では彼は利潤の源泉は何と考えるか。結論から言えば、労働者の労働力であるとします。ここでまず出てくる疑問は、労働者の労働力は賃金として商品の生産費(の一部)になるものであって資本家の利潤になるものではないはずだ、というものです。これに対してマルクスは、商品としての労働力が他の商品と違う性質を持つことに注目させます。その性質とは、労働力は、生産的に消費されれば、自らの価値以上の価値を生み出す商品だ、ということです。実例で説明しましょう。労働力の価値は労働者の生活費でした。生活費にはいろいろ含まれますが、話を単純にするため食費ですべてを代表させることにします。食費にもいろいろ含まれましょうが、やはり単純化のためパン代で代表させます。そのときある労働者が一日パン十個で生活できるとすれば、彼の一日分の賃金はパン十個分です。資本家が彼を一日雇いパン作りをさせたとすると、パンが二十個作れたとします。それを売ったとして、そのうち十個分の金（v）は賃金としてこの労働者のものとなります。残りのうち、たとえば四個分（c）は小麦粉代やパン焼き器などの代金として支払われます。さらに残った六個分（m）が剰余価値として資本家の利潤となるというわけです。これも労働力が、つまり労働者がつくりだした価値ですが、労働者には払われず、つまり資本家が労働者から**搾取**することで資本家の利潤が生まれる、というのがマルクスの説です。

注意すべきことは、ここでマルクスは、たとえばただ働き残業をさせるような悪徳資本家のこと（実在することは確かだが）を問題にしているのではないことです。資本家は労働力をその価値どおりで買ったのであり、（奴隷でないからその身体や人権は侵害できないが）買った人のものである労働力を使って商品を生産すればそれは資本家のものであり、その新たな商品の価値が生産費を上回れば利潤として彼が得るのは合法的です。とはいえ労働者からすれば、彼が生み出した剰余価値まで取られてしまうのは損です。それがいやなら雇われなければいいのですが、生産手段を持たない者が雇われずに生活するのはかなり困難です。（また資本主義が発展するほど、小さくても雇われないで生産する者は、多数を雇う資本家との競争に負けて存在しにくくなります。）労働者は、どの資本家に搾取されるかを選ぶ自由は持ちますが、どの資本家にも搾取されない自由はほとんど持ちません。資本主義とは、生産手段が一部の人間の私有となっていることと、生産物に対して資本家の所有権が認められているという制度に基づき、資本家が労働者を搾取し経済的に支配する体制です。

8　補論1　経済的支配の発生

原始社会では経済的平等があった（少なくとも経済的支配関係がなかった）ことは、今日広く知られています。そしていままでの人間社会の大部分は原始社会であり、そうでなくなったのはごく近頃のことです。経済的支配つまり搾取が成り立つには剰余価値が生まれることが前提です。たとえば暴力的にあるいは政治制度で誰かを奴隷にできたとしても、その奴隷を「生かしておく」ために必要な生活費が、彼が生み出す分より多ければ、奴隷を持つことは意味がありません。剰余価値の発生には生産力の発達が必要であり、農業と冶金が発明される前の社会では搾取は不可能です。原始社会が平等であったのは道徳的または政治的に進んでいたためというより生産力が低かった（近年の考古学的研究では思われていたほどの困窮ではなかったようだが、剰余生産物の蓄積は無理）ためです。

しかし剰余価値の発生が搾取の必要条件だとしても十分条件だと言えるのか。技術進歩で生まれた豊かさを、一部の人間でなく社会全体で享受できなかったのか。これについては二つのことが考えられましょう。①これはある時点での意識的な変革でなく、きわめて長い期間の知らず知らずの変化の結果です。労働の分担とその結果責任は狩猟にもあったでしょうが、農業ではそれが土地の占有権に結びついたでしょう。占有が持続しその権利が強くなれば、所有権に変質もしたでしょう（現代社会でさえ、強い占有権は所有権を制約しますから、両権利には重なり合いがあります）。私有物であれば耕作者が（たとえば病気や事故や災害で生産手段たる）自分の土地を他人に譲渡してその相手に労働力を提供することで生活する事態が生じ得ます。提供された側もはじめはむしろ援助の意図で結んだ関係かもしれませんが、世代を超えたりこの労働力が第三者に譲渡されたりするとそれは単なる欲得づくの使用関係になり、長期的には社会的慣行として支配関係にもなるでしょう（今日の日本でも、プロ野球の選手会がストを行い会長の古田敦也氏が球団側の渡辺恒雄氏に話し合いを申し入れたとき、このオーナーは「無礼なことを言うな。分をわきまえないといかん。たかが選手が」と身分制的上下関係の意識をあらわにしました)。②論理的には政治的支配は経済的支配を基盤としますが、発生的には並行的で、当事者の意識からすれば前者が先行するかもしれません。どんな(したがって狩猟採集の)社会にも指導者は必要ですが、灌漑農業や他の共同体との争いがあればいっそうそうなります。未開社会の指導者がしかし支配者でなかったことはたとえばモンテーニュも記していますが、経済的支配が生まれた社会でそれが指導者に集中しやすいことは想定できるので、当事者としては指導者である者が(またはその認可を得た者が)支配者であるのは当然と思いがちなのかもしれません(今日でも「指導者」と「支配者」とをよく区別できない者、「社会」と「国家」を混同してしまう者は少なくありません)。

9　補論2　科学とは何か

資本主義社会において、労働者、資本家、地主として区別される人々がいること、彼等が生産において労働力、もとで(とりあえず「資本金」を念頭におこう)、土地を投ずること、そして失敗しなければ賃金、利潤、地代と呼ばれる所得を得ること、以上は観察される事実です。観察によって知識を得ることは科学の第一段階です。ところでアリストテレスによれば、学問的知識は事柄がどうあるかだけでなく「なにゆえ」そのようであるかを知ることです。そこで問題は、上の三階級は「なにゆえ」この三所得を得るのかとたてられます。それは彼等が上の三要素を生産に投じた「から」でしょうか。労働力・資本金・土地は入力であり、賃金・利潤・地代は出力です。してみると各入力が各出力を「生み出した」のでしょうか。そうでないことは少し考えればわかります。資本金という金そのものが利潤という金を文字通りの意味で「生み出す」ことはできず、土地自体が地代を「生み出す」こともありません。この三要素が入力―出力間のブラックボックスで結びついたから、これらが生み出されたのです。その結びつきを解明するのが科学としての経済学の課題であり、マルクスの剰余価値説はその一つの答えです。すなわち労働力は確かに土地や機械などの不変資本（c）と結びつかなければその価値（v＝賃金）も発揮できませんが、ある生産力以上で結びつくと剰余価値（m）を生み出すのであり、これが利潤や地代の源泉でもあるというのです。つまり労働者が資本家などに搾取されているということですが、これが直感的には明瞭でないために労働者の解放には科学が必要だとマルクスは考えたのです。資本主義以前の搾取はより明瞭です。封建制下の農民が「年貢」を取られる根拠を土地所有権に求めても、「切り取り強盗は武士の習い」と言われ、簒奪に行き着くので所有権の起源を隠せとパスカルが述べたように、それ自体の正当性が弱く、だから身分制度のような政治制度や政治思想に頼らざるを得ません。しかし資本主義では身分はなく、資本家と労働者は法的には対等で自由な契約として雇用関係に入るので、経済的に支配されているという事実も、搾取される仕組みも、肉眼では見えないのです。

経済学者の中には、利潤が「なにゆえ」生まれるかを探求するのは「形而上学」だと言って退け、「どのように」生まれるかをブラックボックスを封印したまま関数的に研究すべきだとする立場もあります。これは「科学」であることを放棄した表面的な研究であり、また（少なくとも結果的に）

この秘密を知られたくない人々には好都合な立場でしょう。

〈☆人物〉**カール・マルクス**（Karl Marx, 一八一八—一八八三）はドイツの革命家。フリードリッヒ・エンゲルスとともに科学的社会主義を創始した。『共産党宣言』（一八四八）、『資本論』（第一巻一八六七）などを著し、欧州の共産主義運動と労働運動とを指導した。

10　資本家と経営者

その源が何であれ、利潤（資本家のもうけ）が生まれるということが資本主義では欠かせません。資本を持ち利潤を得るということが資本家の定義ですが、そこからすると「資本家」は必ずしも「経営者」である必要はありません。企業において両者が別々のときは資本と経営の分離がなされているといいます。「雇われ社長」が経営しているところはその例で、中小企業ほど「社長」が資本家兼経営者であり、大企業になるほど分離する傾向が強くなります。大きな株式会社の資本家は大株主ということになりますが、ではそこで株を持っていない役員は労働者なのか。「雇われている」という意味では重なる面もありますが、大企業の「役員報酬」は「賃金」とは異なり、利潤のおすそわけ的な面もありますから、そうも言えない中間的なものでしょう。以下「資本家」というときには、そうでない「経営者」や、（同一人物が行っていても）「経営者」としての面は含まない存在として扱うことにします。

11　資本主義と利潤

資本全体に対する利潤の割合が**利潤率**です。利潤は、資本が大きいほど、また利潤率が大きいほど大きくなります。つまり大きくもうけるには、もとでを多くするか利潤率を高めるかすることが必要です。

利潤の額と率は業種により、また企業によりさまざまです。資本家同士の競争のため、儲けが少ないと他の資本家ほどぜいたくできないだけでなく、競争に負けて転落するおそれがあります。そのため資本家は単に利潤を出すことだけでなく、その額をたえず増やそうとします。そのためには資本を増やす（増資）か、利潤率を高めるかすることが必要です。後者の方法としては、利潤率が低い業種から高い業種に資本を移動させたり、より儲けている他の企業のやり方を取り入れるなどして高めようとします。これが成功すると他の業種や企業は相対的に低くなりますから、利潤率は平均に向かう力が働きます。しかしこれはいずれあるところにおさまって止まるということではありません。たとえば昔大学のそばには多くの雀荘がありましたが、学生のマージャン離れで儲からなくなると、流行のプールバーに替えたりします。しかしそれもすたれると今度はカラオケボックスにというように業種を替えますが、それより儲かるものが現れればまた替えるでしょう。このように業種を替えることは資本の移動と言えます。

12　補論3　資本の移動

上から言えるのは、大もうけするのにはもとより資本家として生き残るためにも、時流を読んで、それに乗り遅れないことが必要だということです。しかし二番煎じだけでは大きな成功は望めません。たとえばサンリオといえば、「キティラー」が世界中にいる今日は誰でも知る大会社ですが、九〇年代のキティブーム以前はキャラクターの使用権を売るという経営形態の新しさもあり、苦労しました。創業社長は仲間からやめるようだいぶ言われましたが、これは将来きっと当たると信じて育ててきたのが実ったものです。つまり単に頑固で、需要の減った業種や受けの悪い自己流にこだわっていては駄目ですが、二匹目のどじょうねらいだけでなく見通しを持った我慢を続けるのも、自社あるいは自国経済の発展のためには必要なのです。

資本の移動とは、たとえばダンスホールを閉めてボーリング場にしたりすることですが、これは労働の移動よりもたやすいのがふつうです。資本家としてはたとえばダンス教師を解雇してその金でボーリングの機械を買えばいいのですが、ダンス教師がボーリングの機械なりピンなりを作る技師に転職するのは困難です。ＩＴ化の「創造的破壊」が起これば、資本はすたれる業種から上げ潮のものにできるだけ早く移ろうとします。労働もそれを追いますが時間のずれがあり、またたとえば中年までパソコンに触ったことのなかった労働者がプログラマーに転じたりするのはきわめて難しく、資本の移動は労働者側により大きな犠牲をもたらしがちです。20世紀末以来、ＩＴ化とグローバル化とによって急速な資本の移動が可能になりました。これはたとえば同じ業種でも日本よりインドの企業のほうがいまは利潤率が高いということがすぐにわかり、では日本企業の株を売ってインドの株を買うということがインターネットを通じて一瞬でできてしまうということです。このため今日の資本主義では、資本家は絶えず状況を警戒する緊張を強いられ、労働者は自分がまじめに働いていても自社自業種自国が一瞬でだめになり得るという悲惨と不安を抱えることになります。

13　経済主体の種類

経済主体としては、基本的には三つに分けられます。①家族または個人。個人が挙げられるのは自明ですが、家族間では多く共有と贈与の関係があり、したがって交換＝市場経済を考えるときには家族の経済すなわち**家計**を単位とするのが便利です。とはいえいまの法律では所有や売買の主体は個人であり、たとえば家が夫婦ふたりの名義になることはあっても家族名義になることはないので、「または個人」ははずせないでしょう。②国または自治体。これらが行政を行う際の経済活動は**財政**といいますが、これらの中にあるがなかば独立した組織を持って経済活動を行うとき、その組織を「公企業」ということがあります。現在の日本では、国立印刷局や造幣局などの独立行政法人や、都営バスなどの地方公営企業などがあります。③本来の意味での**企業**。これを私企業または民間企業ともいいます。④「基本的には三つ」と言いましたが、②と③の中間に公私合同企業があります。ふつうはその企業のための特別の法律によって成り立っている**特殊法人**で日本放送協会（ＮＨＫ）、日本銀行（日銀）などです。ＮＫＨはパロディものでは「某国営放送」と言ったりされますが、国営ではなく、職員は公務員ではありません。しかし日テレやテレ朝のような民間放送（民放）とは違い、受信料で経営され、予算と役員（経営委員）は国会の承認が必要です。日銀も政府の一部ではないのですが、三菱や三井といった銀行と違う「政府の銀行」です（第四章で述べます）。また日本郵政やＪＴのような株式会社形態をとっているものもあります。株式会社なのになぜ私企業と言い切れないというかというと、政府自体が大株主になっているからです。

14　会社

本来の企業は資本家が利潤目的に行う経済主体です。ふつうの意味での個人（法的には「自然人」という）ひとりが資本家の個人企業と法人による法人企業があります。法人企業には広義では、農業協同組合や生活協同組合のような組合企業もふくまれますが、株式会社などの会社企業（以下単に「会社」）が本来のものです。

「**法人**」とは法的人格と認められる組織のことで、法的人格とは、契約行為の主体となれるものです。企業だけでなく、「学校法人」や「宗教法人」などいろいろな種類があります。ある団体が法人でないならばたとえば団体として金を借りることができず、会長なり経理係なりが（団体用としてであっても）個人として借金することになります。逆に法人が団体として金を借りれば返す責任があるのは、借用書に代表として名を書かれた者個人ではなくてあくまでもその団体です。法的人格「と認められる」組織と書きましたが、したがって勝手に名乗れるわけではなく、法務局に届けます。そこで審査されてそれぞれの法人として該当すると認められれば名乗れるわけです。

15　株式会社

個人企業の場合、雇われている者がどれだけいてもその企業のいわば持ち主である資本家は一人だけなので、好きなように経営でき、儲けもひとり占めできます。しかし前述のように儲けを増やすには資本を増やすのが有利で、そのためには多くの資本家からなる会社企業のほうが有利です。ただし企業は成功するとは限らず、失敗したときの責任を考えれば気軽に出資することはできません。そこで考案されたのが**株式会社**です。これは出資額の単位を決め、その倍数というかたちで各々好む額の出資を行い、それを責任の上限とするというものです。単位が一株であり、もしそれが五万円なら百株で五百万円ということです。失敗してその会社が儲からないまままつぶれたら、百株買ったものは五百万円、千株買ったものは五千万円の損失ですが、その分は経営者や労働者のせいでなく自己責任ということです。しかしそこまでです。儲からないどころか借金をかかえたままつぶれる企業も少なくありません。この場合個人企業なら資本家である個人に全責任があります。金を借りた以上へたをうったからといって返さなくてよくなることはないので、(営業用でない）個人財産を売っても自分が働きに出ても、能力のある限りは返済の義務があります（「無限責任」という）。しかし株主は会社への義務は出資額まで（「有限責任」という、つまり「法人」としての会社の責任と出資者個人の責任が分離される）なので、いわば自分がどこまでなら損失してもよいかに応じて出資すればよいので、より多くの人から資本を集めやすい仕組みであるといえます。

株を買う目的は三種類あります。ａ：経営に参加する。株式会社の最高決定機関は**株主総会**です。これはひとり一票でなく一株一票なので、大株主ほど会社を支配できます。そこで会社の方針を決めたり、場合によっては自ら経営したり気にいった者に経営をさせたりも決められます。ｂ：会社の目的は利潤の追求ですから、資本家（出資者）である株主はその分け前を得られます。その額は出資額（株数）に応じますから、大株主ほど多くの分け前（**配当**）が得られます。ただし会社が成功するとは限らないので、利潤が出なければ配当はなし（無配当）です。ｃ：株は売買できる商品です。会社を作るときに一株五万円の株を買った（出資した）者が、その後現金を欲しくなったとき、その株を買いたいという者があれば売るのは自由です。もしそれを五万五百円で売れれば一株あたり五百円利益を得ます。なぜ五万円の株を五万五百円で買うのかと言えば、買った者はａやｂを求めているからで、売った側は勿論その権利を失います。その分買ったときより高い額で売ることができれば現金のうえで得するので、はじめからこの**売却益**を目的に株を購入する人もいます。（「目的」ではなく結果として損でも売らざるを得ないこともあります。）

16　資本主義への批判

今日、経済的に発達した国はふつう資本主義体制になっています。それゆえ資本主義が成立し保たれるそれなりの根拠があると考えられますが、それが完全な経済体制であると考えなければならないことはありませんし、資本主義を批判する意見もあります。そこで資本主義の弱点ないし弊害とみられる点や、資本主義への批判を、整理してみます。

①資本主義は、資本家が労働者を搾取する仕組みです（本章7）。つまり資本家にとって得で（少なくともそれと比べると）労働者にとって損な仕組みです。堀江貴文氏は「世の中には、搾取してお金持ちになる人間とだまされて貧乏になる人間がいます」と述べます（『稼ぐが勝ち』光文社、二〇〇五、三三頁）。これはリアルな認識で、金持ちになるのは汗水流して働いた人や賢い人だといった神話によりません。勤労や知恵もそれが「搾取」することにつながらなければ富には至らないということを、彼の知るナノテクの先端の研究者で、東大の助手やソニーの子会社づとめをして、つまり勤労や知恵は十分ながら結局資産家の娘である妻のおかげで食べている、という実例まで挙げて示します（三〇-三一頁）。「雇用者が労働者から搾取するのは、商売としてはしごく当たり前」で、労働者でいる限り「搾取の対象になるのは一生まぬがれない」（四二頁）ので、彼が出す処方は、だから「自分の会社をつくって他人に稼いでもらう〔つまりそれを搾取する——引用者〕ことが、金持ちへの一番の近道」（四三頁）ということです。ところで労働者なしには雇用者はあり得ないので、これは資本家になることをみんなに勧めているのではなく、自分が資本家の側になることの勧めです。ここに二つの問題があります。第一は、搾取する側でなければ儲からない以上自分がその側にまわるのがいいのかどうかという、自分の生き方の問題です。「稼ぐが勝ち」なのか、またそうだとしても人生は「勝ち負け」なのか、という問題です。第二は、人間が人間を搾取するという

ことがいいのかという社会制度の問題です。ホリエモン（堀江氏）はこの問題にふれず他の生き方や他の制度があるということを考えないことによって、事実としても価値としてもそれが当たり前の前提だと思わせることになります。それゆえ経済学も倫理学も不在であり、罪深い生き方と社会とを容認する世渡り術として、浅いとともに有害な言葉をふりまくことになります。

②労働者にとって労働は賃金を得る手段です。資本主義以前の職人にとって労働は彼の能力や個性を実現する場でもありましたが、資本主義が発展するほどその性格は少なくなります。独立した職人と違い労働者は雇い主である資本家の目的である利潤を上げることが最優先され、そのために受動的・画一的な作業となります（チャップリンの『モダン・タイムズ』参照）。利潤率を高めるには生産費を少なくする必要があり、そのためには効率化や機械化を迫られるからです。賃労働はつまらないもの、つらいものであるのが当然で、生活のためにやむを得ず行うものなので、しなくてすむならやめたいものです。かつての職人には仕事そのものが楽しみであったり生きがいであったりすることも少なくなかったのですが。

③また純粋に人間活動としての労働は、労働現場での、また消費者との人間関係を通じて、彼等がその（個性とともに）社会性をも実現する場でもあります。つまり（自分らしさの確認とともに、）自分が他の人々の役に立ちその喜びをつくりだせることの確認でもあります。しかし資本主義は競争を原理とします。確かにそれによって安価になるとか質がよくなるとかいった物質的利点があったのですが、精神的には人々は利己的になり、他人はよくて自分の欲のための道具に、悪くすれば

敵になります。浅薄な学者や御用思想家はこの因果関係を逆立ちさせ、人間は本性的に利己的なので資本主義ができる（あるいはそれが適する）と説きます。

④労働生産物でないものまで商品化されていき、名誉や地位が売り買いされ、金のための犯罪が多発し、道徳性が低下します。「金で買えないものはない」は、まさにホリエモンが言うべくして言った言葉です。

17　非資本主義の経済

上に資本主義の弊害や批判を挙げました。そこで資本主義はよくない、あるいは資本主義だけではよくない、という思想や運動も起きます。資本主義「だけでは」よくないというのは資本主義の全体的否定ではなく、それと異なるものも加わった経済をよしとするもので、いわば穏やかな批判といえます。資本主義「は」よくないというのはより強い批判です。よって提起の意図に違いがありますが、この説では資本主義でない経済原理としてあわせてとりあげることにします。

①**労働運動**。資本主義において生産の目的は資本家の利潤ですから、賃金や労働環境は放っておけば悪くされがちです。そこで労働者としては単に「一生懸命働く」のではなく労働条件をよくするために資本家に働きかけることになります。この労働運動にも温和なものと激しいものがあります。前者は、労働条件をよくすれば（それだけ事故が減ったり熱意が増したりして）よい商品ができまたはよい労働者を集めやすく、結果として資本家にも有益であるから、協力し合うが、その中で労

働者は資本家に言われたとおり働くというより独自の要求も出していくのがよい、という考えです。後者の背景には、むしろ労資の利害は根本において対立するもので労働運動は階級闘争の一環だ、という考えがあります。近年の日本では「労使協調路線」と言われる前者が主流で、激しい争議などはめったにありません。激しく争っても解決に失敗すれば労資ともに傷を受けますが、労働者の当然の権利も主張できない「御用組合」になってしまうのも堕落です。どちらかと言えば後者の弊害から若者の組合離れなどで労働運動は衰えていますが、このごろは非正規労働者を中心とする新しい形態の労働運動などが少しずつ力をつけつつある面もみられます。

②協同組合運動。①は雇う―雇われるという関係性を少なくともはじめは前提してのものですが、そうでないかたちで経済活動の主体となる組織が**共同組合**です。経営は資金などを出して組合員となった人々の民主的な手続きで行われるのが建前です。農協や漁協など、小生産者が多い我が国の一次産業では、今や不可欠の存在とは言えますが、活動内容や組織運営が建前どおりかどうかには疑問もあります。同様のことは消費にかかわる生活協同組合（生協）にも言えそうです。ある意味ではかなり成功しているのですが、そのあまり単なる安売り化で理念をよそに規模の拡大が第一となりスーパーなどとの違いがぼけるものもあるようです。中国製の毒入り餃子を扱ってしまった事件などもその表れと言えるかもしれません。

③**非営利団体（NPO）**の経済活動。このなかには、経済的見返りをまったく受けないボランティア活動も、参加者が若干の報酬を受ける（しかし労力などに対して「得する」ほどではない）ものもあ

ります。利潤を生み出しにくいが必要な、あるいは価値ある仕事が中心になります。福祉活動や、環境保護運動、伝統的あるいは前衛的な文化運動などにかかわるものなどに多くあります。近年辻元清美氏らによる議員立法により非営利団体も法人となることが可能になりました（NPO法人）。

④**社会主義と共産主義**。「社会主義」を広く経済的平等をめざす思想ととれば大昔から（むしろ資本主義より古くから）ありますが、いまふつうに（本書でも）いう「社会主義」は資本主義を否定する運動として十九世紀以来起こり、その理論の基礎をつくったのは**マルクス**です。それによれば、資本主義の発展とともに増大しまた疎外も深まる労働者階級が、資本主義を終わらせる新たな革命（社会主義革命またはプロレタリア革命）の中心的担い手です。その成果によって資本主義が発展した民主主義革命または市民（ブルジョワ）革命は、身分を廃絶しました。資本主義の基盤は生産手段の私有ですから、新たな革命は生産手段を社会的所有に移すことによって、階級をなくし、したがって階級による搾取や支配もない社会をめざすものです。そのようにして生れる社会を彼は「各人の自由な発展が万人の自由な発展の条件である共同社会」と定義しています（エンゲルスとの共著『共産党宣言』一八四八年）。この考えをもとに起こされた最初の革命はレーニンを指導者とする一九一七年のロシア革命で、これによって成立したソヴィエト政権が社会主義をめざしました。しかしマルクスが社会主義は資本主義の発展を土台に築かれると考えたのに対し、経済的にも政治的にも遅れていたロシアは条件が不利であっただけでなく、反革命派の武力反乱とそれに乗じた（日本を含む）諸外国の干渉戦争が起き、はじめから強権的な体制となりました。その軌道修正を意図

していたレーニンの死後権力を握ったスターリンは一党支配、さらに個人独裁へと反民主主義に進み、経済的にも統制経済に変質させました。（これは少なからず戦争のためであり、戦時中は反ソ・反共の資本主義国家日本でも独裁政治や統制経済がみられました。しかしソ連は戦後も長期間それを続けました。）七〇年代に行き詰まりが目立ち、八五年に書記長になったゴルバチョフが本格的な改革を始めますが手遅れで、九一年にソ連は崩壊し、ロシアをはじめそれを構成していた諸国のほとんどは資本主義に戻りました。すなわち旧ソ連ははじめは社会主義をめざしたものの、スターリン以後の実態はマルクスが考えた自由な社会にはほど遠いものでした。現在も社会主義を自称する国家がいくつかありますが、旧ソ連同様社会主義とは言えないものです。

ちなみに「ソ連」とは「ソヴィエト社会主義共和国連邦」ですが、ある国が何であるかは国名で決まるわけではありません。いまアジアに「民主主義人民共和国」と自称する国がありますが、これを人民の民主主義的な国と思うのはまっとうな人にはいません。国名や党名は、よくてつくったときの目標、悪ければそのとき人気ある評語に過ぎず、それを実態と思うなら社会科学の勉強は「名前を覚える」だけですむでしょう。

第四章　金融と独占

1　金融と金融機関

金融とは資金の融通です。いま使わない資金を持つA氏が、いま資金を持たないが欲しいB氏に貸せば、金融を行ったことになります。それが職業なら金融業であり、営む者は金融業者です。現在の金融業者の多くは個人経営でなく、**金融機関**の一員です。

今日代表的な金融機関は**銀行**です。銀行には、自らが利潤を得ることを目的とする私企業である**民間銀行**と、他の目的のために政府の関与で金融を行う**中央銀行**とがあります。日本の中央銀行は日本銀行（日銀）です。日銀は政府の一部ではなく、職員は正規の公務員ではありませんが、その長である総裁は政府から任命されるなど特別な性格を持った特殊法人です。その性格とは、①紙幣を発行できる「発券銀行」である（日本の紙幣つまりお札とは「日本銀行券」です）、②政府の資金を預かる「政府の銀行」である、③民間銀行に資金を供給する「銀行の銀行」である、ということです。民間銀行のうち、「みずほ銀行」「三井住友銀行」のように「銀行」の名が入っているのは「普通銀行」といい、その中で全国展開をしているものを「都市銀行」、特定の地域を中心とするものを「地方銀行」といいます。また信用金庫のように名称に「銀行」が入っていない銀行もあります。消費者金融機関（俗にいうサラ金）も金融機関ですが、銀行ではありません。銀行は融資だけでなく預金も取り扱うことが必要で、サラ金はこちらをやらないからです。保険会社や証券会社も金融機関です。

2　民間銀行の機能と収入源

民間銀行の基本的な機能は次の四つです。①預金。②貸付。③手形割引。④振込み。このほか銀行によっては他の業務、たとえば貸金庫や外貨との交換などを行うところもあります。規制緩和によって証券を扱うところも増えてきました。

民間銀行は自社の利潤を目的にこれらの業務を行うわけですが、ではその利潤はどこから出てくるのか。預金は金を「預かる」だけでいずれは返さなければならないので職員の懐には入りません。といっても勿論相手のために利子を着けてまで「預かってあげる」わけではなく、それは貸付に使うためです。貸付も相手のために「貸してあげる」わけではなく、返してもらうときに利子を得るためです。預金の利子と貸付の利子が同じならくたびれ損ですが、後者のほうが高く、その差額が銀行の利得で、最も重要な収入源です。（ちなみに現在銀行から住宅ローンなどを借りると課される年利は数％であり、銀行に預けると定期預金でもつく利子は零点何％に過ぎず、一桁違います。）手形割引を行えば手形の売却益が、振込みを扱えば手数料が銀行の収入になります。

3　補論　銀行とサラ金

両者の違いは何か。サラ金を返さないとコワいお兄さんに危ない目にあわされる、と思う人もいるもしれませんが、いわゆる「闇金」でなく合法的な金融機関としては（裏でつながっているところはあるようですが）建前としてはそういうことはない、としておきましょう。また「消費者金融機関」というのは主として消費用の資金貸し出しを想定しているからで、営業用の資金は貸さないというわけではありません。とすると残る違いの一つは、利子の額です。法律改正でサラ金の年利はたいてい十数％までに制限されました。銀行が数％ですから一桁違います。もう一つは、銀行で借り入れるには審査がたいへんですが、サラ金のほうがやさしく、低額なら無審査もあるということです。第一から出てくる疑問は、なぜ高い利子がつくサラ金から借りる人がいるのか、ですが、第二の違いを考えると、銀行では借りられない場合に仕方なく、という答が出ます。しかし第二からは、なぜ簡単に貸すのかという疑問が出ますが、今度は第一の違いから、だからサラ金の利子は高いのだ、という理由がわかります。審査もたやすくろくな担保もなしに金を貸せば、結果的に利子どころか元金も取り返せない割合は大きくなります。そこで商売を成り立たせるためには、取りはぐれた分を返せる相手から回収しなければならないのです。言い換えれば、サラ金の利用者は返さない人の分も込みで利子をとられるということです。

第三の、より根本的でもある疑問があります。銀行と違って預金を扱わないサラ金は、貸す金をどのように得るのでしょう。正解は、銀行から借りている、です。そしてこれがサラ金の利子のほうが高いもう一つの理由です。それには、サラ金業者が銀行に払う利子と自らの利潤になる部分とがともに含まれているのです。ここで第四の疑問を出すとすれば、より高い利子でも借りる者がいるなら、なぜ銀行はサラ金の分も自ら貸し出さないのか、というものでしょうか。容易にわかると思いますが、その利用者の多くは確実な返済の保障や担保を持たない者でしたので、貸し倒れになる危険が高いからです。サラ金の個々の融資はハイリスクですが、大きなサラ金会社そのものがつぶれるリスクはそれよりはずっと少ないと言えるでしょう。とすれば銀行としては、危ない、しかも「高利貸し」というマイナスイメージのある仕事はサラ金にやらせておいて、その資金を貸して業者からの利子を確実に得たほうがいい、という戦略になります。大きなサラ金会社は実質的に大手都市銀行の子会社です。――という話を聞くと、こう思う人もいるでしょう。サラ金というと少し汚れたイメージで有名銀行とは対照的とまでは言わなくても落差を感じていたが、なんだ都市銀行のほうが腹黒いじゃないか、と。この思いは、大胆に言えば正しいし重要なものです。大胆と言った意味は、関係者の反発を覚悟すれば、というだけではありません。銀行員への道徳的な非難が本質的ではないからです。そうした非難では「世の中そうしたものだ」という開き直りで終わってしまいますが、むしろそこから始めること、つまり個人の道徳性の問題を社会制度としての反省に深めていくことが重要です。ここでは、銀行とサラ金の関係性にはこうした問題がひそんでいること、また一般にこのようにより深い意味で「悪い」奴のほうが、（やくざなどだけでなく）政治や経済では「偉い」ように通りがちである、ということへの留意にとどめておきます。

4　保険会社

大きな事故や病気などに備えてふだんからそのための資金を第三者に預け、必要な際にそこから支払いを受けること、つまり**保険**も金融です。政府や自治体による公的保険もありますが、金融機関として保険会社もあり、そこでは保険を金融商品として売っています。保険会社は、働き手などがなくなった場合に遺族などに支払われる**生命保険（生保）**と、火災や自動車事故などに備える**損害保険（損保）**とに分かれます。保険会社も私企業である以上は自社の利益が目的ですが、それはどうして得られるのか。考え方としては二つに整理されます。①加入者の平均余命や事故にあう割合などは統計的に算出されます。したがって支払う金額の想定値が出るので、これより高い価格で売れば会社の儲けになります。②生保でも損保でも売ってから（あるいは掛け金を得てから）支払いまでの間に時間があります（統計的な平均値が出ます）。よってこの期間に得た資金を元手に投資などをして利得を得ることができます（これを「資金を運用する」と言っています）。——と言うことは保険を買う側から言えば、平均的には損をすることになります。これは普通の商品の購入とは違う点です。市場経済では消費者も「合理的な」つまり自分の得になる行動をするという前提に反しないのか。「平均的には」そうでも、しかし問題は「自分が」平均余命をまっとうするかどうかはわからず、あした大きな病気や事故にあうかもしれないということです。加入者からは「安心を買った」と、会社からはそうして客の需要にこたえたということで「合理的な」商行為と言える面は確かにあります。しかし他面ではこうした「人の弱みにつけこむ商売」とも言えなくはなく、運による不平等に対しては公的な救済制度がまっとうではないかというのも考慮に値します。ライプニッツ以来の哲学的議論から、アメリカのオバマ・ケアなどについての現実的論議まで、ここにはかかわります。

5　証券会社と株の売買

株については前に説明しました（第三章15）が、株も金融商品です。出資して株式会社を立ち上げた人は持ち株を他人に売れます。買いたい者を自分でみつけて売るのは自由ですが、大きな会社なら、証券会社が買います。逆に買いたい者は売りたい者を自分で探さなくても、証券会社で買えるわけです。**証券会社**は株の売買の仲介をし、その手数料が自らの利潤となります。

買う場合はどういう株を選ぶべきなのか。購入目的（三章15にあります）によって選択基準は異なります。a経営参加や買収目的なら、当然ながら目的とする会社の株を買います。ちなみにここからは、株が商品であると言うことは、株式会社そのものがある意味では売買できる商品であるということにもなります。b配当目的なら、業績好調が見込まれる会社の株です。株そのものが安くても、配当が出ないようなら何の意味もありませんから。c売却益目的なら、株価上昇が見込まれる銘柄を買います。これもいま安い株でも、さらに下がってしまうならだめです。――以上で、aとbcとの違いはわかるとしても、bとcの区別はあまり納得できない人もいるかもしれません。株価上昇が見込まれるのはつまり業績好調が見込まれるからであって、結局は同じではないか、という疑問です。しかし私は、この二つはたいてい結果的には重なるが、考え方としては区別することが重要であると考えます。その説明のために、まず極端な場合を出しましょう。株式会社は自社株の価値が上がることを望みます。そのための王道としては、その会社が収益を増やしそうだと思わせる客観的な事実をつくることで、たとえば潜在需要があった新商品の開発などです。しかしここに邪道にはしる企業家がいるとしましょう。株価は上下するものですから、株で得するには価格変動を正しく予想する必要があります。そこで競馬や競輪のように、その予想で商売している人がおり（証券アナリストとかコンサルタントなどといいます）、その中にはやはりカリスマ的な予想屋もいます。そこで邪道の企業家がこっそり金を渡してうちの株を勧めてくださいと頼み、この予想屋がそのとおり（講演会や業界誌などで）勧めたとしましょう。公務員でないので収賄ではなく、「絶対あがる」と言えば別ですが、「私のお勧めはこれ」といった表現なら、結果的にはずれても（宗教家や占い師の勧告同様）詐欺罪にはなりません。しかもカリスマならそれで多くの人が買いますから実際にその株価は上がるので、なるほど言ったとおりだとなって簡単にはばれません。とはいえまじめに研究してでなく裏金もらっての予想ならそのうちにはぼろが出ることも十分あり得ます。しかし売却益めあてで買ったなら、その前に売り抜けばいいだけです（勿論この予想屋以上に合法的です）。しかし配当めあてであったなら、これは損することになります。つまり、売却益めあてなら株価が上がるかどうかが本質的であり、株価上昇の理由としては業績見込みのよさが大きいとはいえ、それにこだわる必要はないのです。株価上昇の直接の原因は買いたい人が増えるということですから、どんな理由であれその需要が増すかどうかがわかればよいのです。

6　カジノ資本主義

正統的なクイズ（A型としましょう）では、正解で得点します。他方新型として、ある問題を（手段として多くの人に出した後で）その最も多かった回答を（本来の回答者に）答えさせる、といったもの（B型としましょう）もあります。B型の場合、確かに本来の回答者がもとの問いの正解を知っていて、かつ多くの人がそう答えるだろうと考えて当てる場合もあります。しかしなんらかの理由で他の回答のほうが多いだろうと考えて当てればそれも得点になります。さらには本来の回答者が元の問いの正解がわからなくても、それには多くの人はこう答えるだろうということを正しく見抜けばそれも得点になります。（逆に「正解」を知っていても多数派の考えを見誤れば得点できません。）――配当目的の投資がA型、売却益目的ならB型のクイズと考え方は同じです。ここで問題は、配当目的の株購入はいちおう「健全」な投資と言えるが、売却益目的が強くなるとバクチに類似してくる、ということです。この文の前半に注釈すると、「健全」は「安全」ではありません。預金と違って損をする可能性があります。また目的は自分の利益ですから、「健全」と言っても動機に道徳性があるわけではありません。ただし、そのためには会社の今後の業績を考える必要があり、それが見込めるのは消費者や顧客の需要に応え得る会社であり、そうしたところに自分の資金を投入するのは結果的に社会全体の福利に貢献する、という理屈は言えなくもない、ということです。しかし売却益目的の投資（むしろ投機）は「世の中の金回りをよくする」ことで貢献しているというのは、バクチの場合と同様強弁でしょう。こちらが「強くなると」問題と言いましたが、実は今日アメリカや日本など発達した資本主義国での株の売買は、既に売却益目的のほうがずっと多くなっています。これを**カジノ資本主義**化という専門家もいます。カジノの弊害の大きさは明らかなので、日本のように全面禁止したり、アメリカのように、場所を限定したりしています。しかしカジノという特別の場所というより、先進資本主義国では市場全体がバクチ化しているということが大きな問題です。ちなみにこの用語を普及させた経済学者が注意するように、実際のカジノでのプレイヤーとは違って、私達の大半は「非自発的に市場に」おり、「ギャンブルを望んでいない」（ストレンジ『カジノ資本主義』岩波書店、一五七頁）。証券会社というよりこのバクチ場のいわば胴元的に特化したファンドがあります。大きな「ヘッジファンド」のなかには、ジョージ・ソロスのもののような、一つの先進国そのものを通貨危機の瀬戸際に追い込んだようなものもあります。こうした状況へのその歯止めを考えるどころか、日本政府そのものがそうした胴元的行為に乗り出すべきとする（新自由主義の）政治家もいます。政府が直接に出なくても、「物つくり」にこだわるのでなく金融を日本経済の主軸にし、こうしたバクチ化の傾向をむしろ進めようとする者（たとえば証券マンとしてアメリカで儲け、今は維新の会の代議士の藤巻氏）の声も小さくありません。日本の新自由主義の「顔」竹中平蔵氏を顧問格とする維新の会の両代表をつとめた、石原慎太郎氏と橋下徹氏は、本来のカジノさえ日本につくらせようとしています。

7　証券取引の規制

大状況としてのカジノ資本主義の問題はさておき、バクチとも重なる株の売買に規制が必要なのは、誰もが認めます。株価の変動を起こすが一般には知られていない情報を知った者や知り得る立場にある者は「**インサイダー**」として取引できません。近年それで処罰されたのがファンド・マネージャーの村上世彰氏でした。「ライブドア」社の堀江貴文氏から同社がニッポン放送の株を買い付けるということを公表前に聞いて買い込んだためです。競馬でも、騎手や馬について非公表の重要情報を得た者が馬券を買うなら、ギャンブルとしてもだめなのと同じです。同様に情報公開（ディスクロージャー）されたが虚偽ならこれもだめですが、これで処罰されたのが堀江貴文氏のほうで、彼は自社の業績を過大に見せる粉飾決算で株価のつり上げを図ったのでした。しかし証券取引がまったく公正に行われていると信じている人はいないでしょう。たとえば村上氏の場合、堀江氏からの情報を聞いたことをテレビで言うという大失態から逮捕につながったわけで、そういうことがなければたとえ裏情報によるものでもそれを立証するのは困難です。いかさまバクチが露見したときのコワさはやくざ映画などでおなじみですが、いまの日本の証券取引はその程度の公正さまでも達しているのでしょうか。

8　独占の形成

資本にもいろいろな種類があり、中心となるものは時代によって変わります。「資本主義社会」ができる前から資本家は存在しましたが、その中心は商業資本でした。江戸時代の日本は資本主義社会ではありませんが、有名な資本家としてはたとえば紀伊国屋文左衛門が挙げられましょう。紀州から江戸にみかんや木材を運んで富をなし、遊郭での豪遊ぶりも伝えられました。欧州でも初期の資本家として名高いのは似たような冒険的な遠隔地商人です。しかし産業革命とともに産業資本家が中心になります。一部の富裕層のための稀少品の売買でなく、一般人の衣食住全般が商品化されるなかで、日常品の大量生産とそのための素材作りが経済の軸になるからです。商業資本家も産業資本家も、市場経済のなかでは、激しい競争を強いられます。利潤の絶対量を増やすといういわば「貪欲な」動機でなくても、この競争に負けて振り落とされないといういわば「せっぱつまった」動機のためには、規模の大きさが必要です。たとえばある大手予備校が地方都市Nに進出するとして、そこで地元の同業者に負けずに食い込むためには、すぐれた講師を送るといった正攻法のほかに、そこでのいちばんの進学校N高生を一年ただにしたりします。特待生数人くらいならよくありますが、N高生ならすべてと言えば百人くらい来ます。無論大赤字です。しかしこの大手予備校は本校は勿論他にS市やF市などにもありますから、その分の収益を回して一年なら持ちこたえます。しかし地元の予備校や進学塾はそうはいかないので、客を奪われればつぶれてしまいます。こうしてライバルをつぶしたら翌年からはこの予備校もちゃんと授業料をとるというあんばいです。似たような戦略は大手スーパーなどでもみられます。こうしてよほど特徴のあるような企業でなければ、小さいところはつぶされたり、大手に吸収合併されていくようになり、市場は次第に少数の企業が占めるようになります。これが**独占**です。数社でほとんどを占めるのを寡占と言って、これと区別して一社だけのときが狭義の独占ですが、広義では寡占も含めます。

9　金融資本の力

私企業は生き残るために大きくならなければなりませんが、それにはどうしたらよいのか。たとえば実力ある講師を雇ったり、よく売れる商品を扱ったりすることでしょう。そしてそのためには、同業者よりも高い給料や仕入れ値を出す必要があり、そのためにはより多くの資金が必要です。そのためには金融資本家と手を結ぶことが必要です。望む融資を得るには、それで十分な利潤があがることを納得させなければならないので、使い方を含め会社の情報を提供します。競争相手などに対しそれぞれ「企業秘密」がありますが、こうして銀行さんには裸にならざるを得ません。現状報告が正確で今後の計画も合理的だとしても、計画通り行われるとは限りません。極端な話、借りた金を計画通りの開発や設備投資に使わずに、社長が六本木のおねえちゃんに使ってしまうかもしれません。無論こんなだめな会社は淘汰されましょうが、貸したほうとして運悪くへた打ったでは済まされません。そんなふうにならないようにお目付け役を役員として送り込んだりします。つまり金の貸し借りから情報の提供、人事から経営内部への介入と、次第に結びつきが強くなっていきます。こうして金融資本を中心として産業資本、商業資本がグループをつくり、それがうまくいったところが巨大化して独占を形成していきます。（たとえば三井住友銀行と結びついて住友化学や三井商事などがグループになっているように。）政府がある分野の市場を独占すれば公的独占であり、私企業の私的独占と区別されますが、以下断らずに後者を単に独占と言うことにします。主要な分野で独占状態になった経済は**独占資本主義**と言われます。

10　独占の形態

文字通りの一社独占でなくても、次のようなかたちで数社による独占が生じます。①販売価格などで協定を結ぶのが**カルテル**です。それで市場の大部分を占有するような数社が横並びにすれば結果的に独占状態です。②企業合同が**トラスト**です。近年吸収合併（M&A）などによるトラストがさかんなことは周知のとおりです。③**コンツェルン**とは、法的には別会社ですが強い連携を持つ、いわゆるグループ企業のような場合です。連携の仕方として重要なのは株の所有です。社長なり社員などが自社株を持つことはありますが、会社が自社の株主になることは基本的にはありません（その場合誰が出資しているのかわからなくなります）。しかしA社がB社の株主になることは可能で、もし過半数の株を持つならばA社はB者の親会社、B社はA社の子会社と言われます。このB社が

C社の過半の株を持つならばC社はB社の子会社でA社の孫会社ということになります。「子沢山」な会社や膨大な孫やひ孫などを持つ会社もあります。20世紀末に橋本龍太郎内閣が持ち株会社を解禁したことでこの流れが強まりました。これは商品の生産や販売でなく、文字通り株を持つことをおもな業務とする会社で、それまで禁止されていたものです。「〜ホールディング」という名の企業はこの持ち株会社で、これを使うことで企業合併が（場合によってはある部門を切り離して売却することが）しやすくなり、結果的に独占が進みました。

堀江貴文氏がニッポン放送の買収を図った話をしました。その狙いは、ニッポン放送の子会社であるフジテレビを支配することでした。大きいフジテレビのほうが子会社というのは妙に思われますが、ラジオ局のほうが当然古く、それを母体にテレビ局ができたという成立事情から理解されます。いまではフジテレビのほうが規模も収益も巨大で、その株を買い占めるのはたいへんです。むしろ株を買いやすいラジオ局をまず握って、系列関係からテレビ局をおさえようというのがホリエモンの戦術だったわけです。

11　独占の結果

独占が形成されると、市場機構が働かなくなります。たとえば価格は需給量によって決まる均衡価格と離れて、独占企業が設定する独占価格になります。一般国民は消費者としても搾取されることになります。より安くすれば売れますから他の生産者が参入しようとしても、いったん独占ができると新規に入り込むのはなかなか困難です。日本プロ野球機構も独占的な業界団体です。ひと昔前に一球団がなくなったので、堀江貴文氏が参入を図りました。しかし業界を仕切っていた（読売グループのトップでもある）渡辺恒雄氏が、（ヤクザのショバ代のような）高額な参入金を求めるなどして認めませんでした。（後、選手会のストライキなどによって条件もゆるめて参入が可能になり、三木谷氏の「楽天」が参入しました。）原発に関しても、問題の一部は、電力供給が電力会社の地域独占になっていることと結びついています。

このような独占の弊害に対する対策も講じられます。わが国では**独占禁止法**があります。略すと「独禁法」ですがこれ自体も略称で、正式には「私的独占の禁止及び公正取引の確保に関する法律」です。正式名を知っておくとよいことが二つあります。一つは「私的」独占の禁止であって公的独占は排除されていないことがわかります。かつては煙草や電信電話などいくつかあった公的独占は今ではほとんどなくなりましたが、これは政策によるものであって違法だからではありません。もう一つはこの法令を守らせるための機関が**公正取引委員会**（公取委）であること、名前の通り「独占」だけでなく「公正取引」にもかかわることが関連して覚えられます。近年では「通話ゼロ円」を大々的に宣伝したケータイ会社が、消費者を誤解させるような誇大なものであるとして改めるように命じられたことなどがありました。しかし実はこの独禁法はザル法として名高いものです。たまに「やみカルテル」の摘発などがありますが、裏から言えば合法的なカルテルがいくらでも認められています。アゲられるのはよほどあくどいものか、公取委が仕事をしているしるしに標的にされたものではないかと勘ぐられるようなものです。何よりも独占そのものが禁止されているような状態ではまったくありません。なぜなのか。この法律は戦後の経済民主化の一貫して、財閥解体と一体でつくられた（一九四七年）もので、はじめはそれなりのものでした。しかし冷戦体制とともに民主化は後退し、政府主導で次第に旧財閥系を含む大企業が復活しました。彼等は当然この法律を邪魔にして骨抜きを求め、彼等を支持基盤とする政府与党はたびたび改定することでそうなったわけです。大きな問題が現れると、規制の再強化を求める声が出ますがいつも実現せず、むしろさらなる規制緩和を求める財界の声が強いのが現状です。

資本主義は市場機構と競争原理に基づきます。しかしまさに資本主義の発展によって私的独占が形成されると、自らの原理が否定される状態が生じます。これをどう考えるかが大きな問題になってきます。こうなると法律や行政の問題、つまり経済と政治、あるいは市場と政府の関係について扱う必要が現れ、それが次の章の主題となります。

第五章　市場経済と国家

1　初期資本主義

資本主義は市場経済の発展によって生まれました。市場経済は政治的につくられた制度ではなく、生産力の発展により、生産物の交換の増大から生まれたものでした。そしてそれ自体は、政治的・法的な仕組みや強制がなくても、参加者（売り手と買い手）が単に自分の損得を考えてふるまうということから、おのずから維持されるというのが特徴でした。「後発国」は政府がこれを導入するということはあっても、はじめて資本主義を確立したイギリスでは、したがってこの経済制度は基本的に国家を必要としないものでした。

資本の目的は利潤であり、資本主義の意識的な担い手である資本家は、自分の最高の価値をこうした経済分野におかざるを得ないという意味で「経済人」です。国家に集約される政治の働きは、その手段として最小限であるのがよいとされます。この意味で彼等は「**安上がりの（安価な）政府**（cheap government）」を求め、「**夜警国家**」をよしとしました。政府が「安上がり」とは税が安いことであり、政府自体が一つの商品のようにみなされていることがわかります。安上がりである以上、政府に多くの人が雇われていろいろな仕事をしてくれることは期待できません。それでも初期の資本家は治安や防衛のような仕事は政府のものと考えたので、国家の本質をそうした「夜警」的機能でたとえたものが後者の言葉です。国家（政治）は市場（経済）に介入しないのがよいという意味で**自由放任主義**、「レッセ・フェール政策」とも言います。

2　初期資本主義の問題点と行き詰まり

ここで「初期」資本主義というのは大雑把に十九世紀です。逆に言えば二十世紀にはこうでなくなっていきました。これは経済と政治（市場と政府）のこうした関係性が十全でないことを示しています。ではどこに問題があるのでしょう。

①初期資本主義は労働運動を敵視しました。労働組合自体が禁止されたことも少なくありませんでした（フランス革命政府による「ル・シャプリエ法」など）。これは少なくとも個々の資本家と労働者という関係においては、賃金などで利害の対立があることを示します。そしてこの時期政治権力を主に資本家が占めた（先進国でも普通選挙になるのは20世紀になる頃です）からです。ただし彼等はこうした自分たちの利害でなく、次のような理屈で正当化しました。賃金は労働力という商品の価格である。価格は需給で「おのずから」調整される。失業者がいるというのは、労働力という商品の供給が過剰のためであるから、その価格である賃金を減らせば（リストラも労働者全体の所得を減

らす意味で同じ結果)「おのずから」雇用は増える。それをたとえば労組をつくって賃下げ(や首切り)を拒否するというような、外からこの市場機構に介入することは正しくない、と。ところでこうした「神の見えざる手」の働きを信じて自由放任して、労働者が納得できる状況であれば問題はないのですが、実際はそうはなりませんでした。産業革命前の職人に比べて、ふだんも低劣な状態に陥り、恐慌になると文字通り食えない労働者が大量に出るようになりました(最初の資本主義恐慌は一八二五年)。この理屈はどこかおかしいのです。

②道や港、信号や灯台などは、経済発展には有用ですが、個々の資本家の所有ではなく、社会資本と言われます。自由放任主義ではこれはなおざりになりがちです。道や港などはそもそも個別の資本家には作る資力がありません。政府ならできますが、政府がするのは治安や国防などに限ろうというのがこの主義です。信号や灯台くらいなら作れる資本家はいるでしょうが、誰が買うのでしょう。運転手や船乗りは、競争相手に「ただ乗り」されてしまうこうした商品を自分が買おうとはしないでしょう。政府が買うのはやはりこの主義に反します。

③市場原理で可能ですが、それだけだと不都合な分野があります。病院や学校などです。ちゃんとした治療や教育を行えば、金を払う病人や学生はいますから、こうした「サーヴィス」を商品とする売買は成り立ちます。しかしでは金のない者は治らず無知のままでいいのか。治療費や学費を政府が補助すれば、生産力や購買力は上がりますから、(人権とか平等とかの話をしなくても、)直接には全体としての資本家階級に(したがって間接には個々の資本家にも)得になります。政府が放任す

れば経済的にもマイナスです。

このように初期資本主義にはいろいろ問題を含んでいました。それが大きな壁にぶつかったのは、**世界恐慌（一九二九年）**によってでした。アメリカでの株の暴落から始まりましたが、はじめ米国政府は従来どおり放任しました。しかし市場機構によって自動的に調整されるようにはならず、数百万人規模の失業者が出るまでになりました。ここに至ってついに新しい仕組みが人為的に導入されることになりました。自由放任ではもはや資本主義が保たれなくなりそうになり、政府が市場に介入することが求められるようになりました。するともはや「夜警国家」ではなく、**「福祉国家」**がよいとされるようになりました。

3　ケインズの新理論

この新しい仕組みの理論をつくったのはケインズです。彼はスミスが骨組みをつくった古典理論の問題点を次のように考えました。商品価格が需給で調整されるというのは基本的には正しいが、需給の量が意のままに増減できる限り、ということが前提されている。労働力商品はこの前提がふつうは成り立たない。ある商品の供給が多くて値崩れするような場合は、来期はその生産を減らして資金を貯蓄するなり他の部門に向けるなりしたり、農産物などはできたものの何割かをつぶしたりもします。しかし労働力の供給が過剰で出た失業者は、賃金を得られないからといって景気回復まで食わずに冬眠していることはできません。また労働力が減れば賃金が上がるからと言って、

「過剰な」労働力を、つまり労働者を、畑の野菜をつぶすように何割か「つぶして」少なくするわけにもいきません。逆に需要過剰で高値の場合、供給を増やせる商品なら（その結果再び需給均衡する点での価格に下がるまで）そうするでしょう。しかし人手不足で賃金が上がったからといって「労働力商品の供給を増やす」のは簡単ではありません。その増産に今晩から頑張ろう（？）としても、その成果が「労働力商品」となって市場に出るには二十年ほどかかり、そのときにも景気がいいかどうかは誰にもわかりません。労働の種類によっては外国人を入れることがありますが、その場合には国内労働者は好景気でも賃金が上がらないことになります。つまり労働力商品の場合、市場機構でその価格（すなわち賃金）が「おのずから調整される」のは、生活を保障されている人が、働いて賃金を得るか賃金は得られないが自由時間を得るか自由に選べる、というような非現実的な前提において成り立つ話です。（このような「働き手」は経済学でいう「労働者」にあてはまりません。）だから「自由放任」は現実的有効性を持たないのであり、現実に「非自発的失業者」がいるならば、政府が介入して失業対策を行うのが（治安上や人道上だけでなく）経済学的にも正しい、とケインズはいうのです。

〈☆人物3〉**ケインズ**（J.M.Keynes, 一八八三―一九四六）はイギリスの経済学者。ケンブリッジ大学を卒業後大蔵省に勤めた。その立場で、ベルサイユ講和でのドイツへの過酷な賠償金や戦後の金本位制への復帰に反対するなど先見性を示したが受けいれられなかった。古典派経済学を革新し「ケインズ革命」と言われる。主著『雇用、利子および貨幣の一般理論』（一九三六）。

4　ケインズ政策

失業対策としてケインズはいくつか示していますが、今日最も知られているのは公共事業への投資です。政府が金を出して失業者が雇用されれば景気回復するということです。それくらいケインズをまたなくても思いつきそうですが、古典理論からは次のように反対されます。政府が金を出すといっても政治家が身銭をきるわけでなく税からなので、結局は国民の負担となる。それでもやるべき公共事業があると仮定しても、せめて景気がいいときにすべきで、不況のときに歳出を増やして、結局増税になるのでは意味がない。それで政府が儲かるとでもいうなら話は別だが、そもそも公共事業は役立つとしても利益にならないから私企業は手を出さないので、政府の財政は赤字にならざるを得ない。だから公共事業で不況対策というのはあさはかだ、と。しかしこれをあさはかというほうがあさはかだとケインズは次のように考えました。確かにいったんは財政赤字になる。しかし雇用が増えれば購買力（有効需要という）が増える。するとその商品の供給は増やされることになり、その分野の人々の収入も増す。すると今度は彼等がまた別の分野で買うものを増やすというように、この効果が次々と波及し、一般的に生産と消費が増える状況、つまり好況になる。国民一般の所得が増えれば税収が増え、はじめの赤字は解消される、と。最後に言ったのは税収入の「自然増」の話で、これを「増税」と混同しないでください。後者はたとえば税率を一割から二割にすることで、年収二百万の国民が払う税が、二十万円から四十万円に上がる（この国民の手取りは二十万円減る）といったことです。前者はたとえば税率は一割のままでも、年収が二百万から四百万に増えれば、政府が得る税は前と同じで二十万円から四十万円に増えますが、この国民の手取りは百八十万円増えています。失業が減り、社会資本が整い、財政も最終的に赤字にならないなら、こんな結構な話はない、というわけです。

この手法を最初に取り入れたのは、F・ルーズベルト米大統領の**ニューディール政策**でした。ダム建設などに政府が投資して世界恐慌後の雇用を増やし、水力発電によって地域の工業化も進める狙いでした。これが成功したと考えられ、第二次大戦後他の資本主義国でも採用されていきました。これによる経済を**修正資本主義**と呼びます。

5　国民経済

政府が市場に介入するようになると、経済を国家との結びつきにおいて考える必要がましました。以下はそのために重要な、国全体の経済を示す指標です。**国内粗(総)生産**（**GDP**）は、一年に国内で生産された商品の付加価値の総計です。これは国内総所得と等しくなります。（商品の）価値を貨幣で表したものが価格ですから、GDPの単位は円とかドルとかになります（二〇一三年の日本は約四七八兆円）。**国民粗(総)生産**（**GNP**）は一年に国民が生産した商品の付加価値の総計です。この二つのうち今日ではGDPがよく使われますが、従来はGNPでしたので、昔と比較するときなどは合わせるために今日でもGNPを使うことがあります。国民所得（NI）は国民粗生産から、減価償却費と間接税を引いたものです。**経済成長率**は、GDPの変化の割合で、ふつうは前年比を百分率で表します（二〇一三年の日本は実質一・五％）。

ここで注意すべきことは、ＧＤＰなどはこのように商品価値に基づく指標ですから、市場経済でなければ表れないということです。つまりそのまま経済的な豊かさ・貧しさを示すものではありません。これが低い国は、多くの国民が飢えているような実際に貧しい国もありますが、公共組織で財やサーヴィスが売買でなく提供される面が多かったり、自給自足や贈与の面が多かったりするので、衣食住は欠乏してない国もあります。（前者の例は敢て挙げませんが、後者の例として有名なのはブータンです。）またともに市場経済中心でＧＤＰが等しくても、国民の自由時間（または労働時間）の長さ、自然環境の豊かさ、（金銭的代価で得られる）文化的享楽の豊かさなどはさまざまであり得ます。人間の幸せは経済だけで決まらない、という大前提はおくとして、経済的豊かさだけを問題にするとしてもＧＤＰや成長率はその一面に過ぎないことは忘れてはなりません。

6　財政制度と現状

今日の政府は市場に関与しますが、政府自体が行う経済活動を**財政**といいこれも初期資本主義と比べて大きくなっています。貨幣経済ではこれは金の出し入れの形をとりますから会計で表せます。政府の会計のうち、収入源と支出先とが決まっていてほかの項目と混ぜないものを**特別会計**（現在の日本ではたとえば年金）と言い、その他を**一般会計**と言います。一般会計において、収入を歳入、支出を歳出と言います。歳入はどこから得るかと言えばまずは**租税**です。政府が得るのは国税、地方自治体が得るのが地方税です。また租税負担者が直接納めるのが直接税、そうでないのが間接税です。**消費税**の負担者は消費者ですが、これは売った業者が預かったうえで納めるので間接税になるわけです。直接国税には、所得を得た個人が納める**所得税**や企業が納める**法人税**が、間接税には消費税のほか輸出入にかけられる**関税**などがあります。消費税では買った額がいくらでもそれに対する一定の割合を納めることになりますが、所得税などでは課税対象額（所得税では所得）が大きいほど税率が大きくなる、**累進税**という方式が採用されています。これはたとえば一年の所得三百万の人が五割の税をとられて百五十万で生活するのはかなり無理ですが、三千万の人なら同じ五割の税でも残りの千五百万でかなり豊かな生活ができるというように、実質的な平等の観点を入れたものです。消費税の税率は誰にも一律ですが、貧しい人ほど収入（のうち貯蓄や投資に向けられずそ）のほとんどを消費に回さざるを得ませんからその分相対的な負担が大きくなり、「逆進性」があると言われます。歳入で歳出がまかなえないときに、政府は借金をします。これが**国債**です。

二〇一三年度の日本の財政は以下の通りです。一般会計の総額は約九二・六兆円。歳入内訳で、租税は約四五％、うち最も多いのは所得税で一五％、次が消費税で一一・五％、次が法人税で九・四％です、そして歳入の四九％は実は公債金、つまり借金によっています。二〇一四年に累積で千兆円を超えました。歳出のほうでは、最大が社会保障で三一・四％、二番目が国債費、つまり借金の返済で二四％、三番目が地方への交付で一七・七％、四番目が文教関係で五・八％、五番目が公共事業で五・七％、六番目が防衛費で五・一％です。これは十年前、二十年前、三十年前と比べてどう変わったのか、また諸外国と比べてどうなのか、そしてそれらの要因は何なのか、ぜひとも調べて考えてみてほしい勉強です。

7　政府の経済活動の目的

市場機構では、道や港、信号や灯台などの公共財、または社会的共通資本がなおざりにされやすいことが指摘されました（本章2）。それゆえ各方面から得る歳入でこれらを整えることが政府の目的の一つであり、資源配分の調整と言えます。また、市場機構は格差を拡大する傾向があるので、これをおさえることも「福祉国家」における政府の役割として期待されることで、所得の再分配とも言われます。累進課税によって富者から得た歳入を社会保障などで困窮者に回すものなどです。市場経済での景気変動は免れられませんが、恐慌などを防ぐ景気の安定化もまた、政府に求められるようになりました。景気対策としては、a）財政によるものと、b）金融によるものとがあります。aとしては、不況のときには、減税を行ったり、公共投資を行ったりします。bですが、金融を行うのは本来は金融機関であって政府ではありません。しかし中央銀行、日本では日銀は「政府の銀行」であり、政府が日銀を通じて行う「金融政策」が生じます。そのやり方は三種類あります。①公定歩合の操作。民間銀行は資金の一部を日銀に預けることを法律で定められています。この預金の利率を**公定歩合**と言います。不況といっても成長産業や売れ筋商品のある会社は存在します。それそういうところが雇用や生産を増やせば景気回復を刺激しますが、それには資金が必要です。それを借りるのに、利子が低いほど借りやすくなります。公定歩合が低くなれば、民間銀行による企業への融資の利率も低くなるので、景気回復に役立ちます。**②公開市場操作**。不景気というのは物としての貨幣の量が減ることでなく、それが一部に滞って流れていかないことなので、「金回りをよくする」ために、出回っている通貨量を増やします。通貨というのはつまり「日本銀行券」ですから、日銀がより多くのお札を発行することです。刷った札を文字通り町にばら撒いても、穴に埋めて掘り出した者にあげるのでも、何もしないよりましという話もありますが、さすがにこれは賢い策ではありません。買うということは物とひきかえに金を渡すことですから日銀が何かを買えば通貨が市場に増えることになります。では何を買うか。ふつうは国債を買うのです（これを買いオペと言います。アベ・クロミクスでいま日銀は株まで買い始めましたが、この危険性は本章を読んできた方はわかると思います）。そして通貨量が過剰でインフレになっているのを抑えたいときには、これを売って市場の通貨を減らします（これを売りオペと言います）。③預金準備率の操作。民間銀行が日銀に預けなければならない資金の量を増減することで、狙いは同じです。

8　補論　現代日本の財政危機

二〇一四年に、消費税は八％に上げられ、安倍首相はさらに十％に上げました。八％にあげるのを現実に提起したのは菅直人首相でした。いろいろな手当てを公約した民主党は、財源は「事業仕分け」などでいくらでも出るようなことを言いながら実際には半分も出ず、大量の国債発行になりました。当時覆面レスラーの格好で活躍した慈善家と並べて、「伊達直人はこどもにランドセルを配るが菅直人はこどもに借金を負わせる」と風刺されました。ちょうどギリシャで財政危機が起こったことから、日本で同様の事態を防ぐためとして増税による財政再建を言い出したのです。しかし選挙のマニフェストで消費増税反対を明記していただけに、鳩山前首相の「最低でも県外」の反故に続き、民主党の裏切りとして大きな非難を浴びました。実は両国で事情はかなり異なります。ギリシャ国債の持ち主の約七割は国外でした。借金を返せなくなったギリシャ政府は、ドイツの金融筋など外国人によって、国内財政から社会制度まで大きな干渉を受けました。（ＥＵの枠がなく、ドイツがナチス政権だったら、エーゲ海の島のいくつかくらいはとられたかもしれません。）しかし日本の国債の約９割は日本人が所有しています。日本政府の借金ですが、日本国民の含み財産でもあります。そして税と違って強制ではありませんから、返済（償還と言います）されると考えて購入しています。だからギリシャとの経済規模の差を別にしても、日本経済がすぐ破綻するような議論は乱暴な脅しです。（前から増税を狙っていた財務省が経済に暗い菅首相を篭絡したという説もあります。）では、国内に買ってくれる者がいる限りはどんなに国債を出してもいいのかと言えば、さすがにそうではありません。①国債は前借ですから後で返さなければなりません。特定の事情で一時的に前借せざるを得ないことはあるとしても（たとえば震災の復興のため）、慢性的な借金状態でそのため毎年歳出のかなりの部分をその返済費に当てているようでは何のための財政だかわかりません。②前借した資金を有効に用いて経済成長すれば、先見性ある経済政策とも言えます。しかし実態は赤字の尻拭い的な用途であり、高度経済成長期と逆に労働人口が減る今後の日本にとって、ただのつけの先延ばしになります。③借金を返すには利子をつけます。政府のためなら無利子で金を貸そうという人はあまりいないでしょう。ところで国債を買う人は資金に余裕のある人です。すると、貧しい人を含めて義務として取る税をもとに、国債を買う富裕な人に利子を与えていることになります。これは所得の再分配という財政の目的とは正反対です。──こうした理由で国債の多さは好ましいことではありません。すぐにも破綻するかのような言説は過大であり、特にだから国民一般への増税だ、その道しかない、というのはまったくの詭弁ですが、財政健全化が重要な課題であることは事実です。

9　国際経済

経済活動は国境を越えて行われます。

国外に物を売る輸出と国外から物を買う輸入は**貿易**です。貿易の考え方は二つあります。**自由貿易**とは、国家が貿易に何の制約も加えないことです。他方で特定の品目の輸出入を一切禁じるとか、あるいはある量に制限するとか、あるいは関税をかけるとかする場合があります（高い関税は禁輸または量的制限と結果において等しくなる場合があります）。この目的は国内産業の保護なので、これを**保護貿易**と言います。

貨幣経済では国家間の経済関係も金の出し入れで計算されるので、これを**国際収支**と言います。

その中で輸出入は**貿易収支**です。これに、海外旅行をして向こうのホテルに宿泊料を払うなどサーヴィスも含めたものを、**経常収支**と言います。外国の株を買うとか、外国の銀行に預金して利子を得るなどは、**資本収支**と言います。二〇一三年の日本で、貿易収支は約八・八兆円の赤字で（手元に数字のある一九六六年以降二〇一〇年まではずっと黒字でした）、経常収支は三・二兆円の黒字です（一九八一年以降はずっと黒字です）。

通貨は国によって異なるので、国際経済では通貨の交換が必要です。通貨の交換比率を（外国）**為替相場**と言います（たとえば一ドルが百円というように。）

現代では、貿易や対外投資を行うだけでなく、複数の国に拠点を持つ**多国籍企業**が現れてきました。その問題点の一つに、法人税がきわめて安い国や地域（租税回避地tax havenと言われる）に名義上本社なり本店なりを置いて、事実上営業している国にはほとんど税を納めない企業の存在があります。

一九九〇年代以降、金融のグローバル化が進みました。金融資本にとって「ビジネスチャンス」が拡大する一方、**国際通貨危機**の一因となるなど、弊害もあります。一国の財政危機が他国に波及しやすくなる（一九九七年東南アジア発のものが有名）だけでなく、巨大な「ヘッジファンド」が自らの儲けのためにこれにつけこんだり、これをつくる要素にさえなり得ることが問題になっています。これに対し、国家間の協力によって対策を立てる試みが一部にあるほか、そもそもこうしたグローバリズムに反対する動きも強くなっています。グローバル化の推進勢力は、従来ＧＡＴＴやＷ

HOの「多角的貿易交渉」の場を中心にしてきましたが、反グローバリゼーションによってこの世界的な交渉は行き詰まりました。そこで彼等はいまFTAやEPAによって二国間や地域間での自由貿易ブロックづくりに精出しています。TPPもその一環です。

補論エッセイ1

探しものはなんですか?——経済と倫理

「はじめに」で太宰治の小説上の話に触れた。それが単に、「華族」出身の「破滅型」小説家が、「常識人」にインパクトを与えるための話では終わらないことを、あらためて述べたい。「経済は基本だ」、「お金が大事だというのがみんなのホンネだ」ということはそんなに確かなことなのだろうか。漫画『ナニワ金融道』の作者南部雄一は、むしろそういう考えが、有名なカルト教団に劣らぬ、洗脳された信仰かもしれない、と問題提起もしている。

小説や漫画でなく、事実に基づくところから、お金(あるいは貨幣経済・商品経済)の価値というものが、自明で不動のものでなく私達の「価値づけ」と関係していることもわかる。

現代の人気の哲学者マイケル・サンデルは『それをお金で買いますか』(早川書房)という興味深い著作を出している。そのなかのある保育園の実話である。こどもを迎えに来るのが遅れる親がいるので、その場合には追加の金を取ることにした。すると遅れる親が増えた。この場合園の側は罰金とみなしていたのだが、親は料金として堂々と遅れるようになったのである。意図が裏目に出たわけだが、それでもいいでないかと思う者もいるかもしれない。親は時間を買ったのであり、園は増収分を残業手当などに回せばよく、「ウィン・ウィン」の関係だと。しかしそれなら金さえ出せばいくらでも預けてよいだろうか。そのときは親子の保育が損なわれてしまうのであり、園が預かる時間は経済外的な制約がなければなるまい。

この事例は、現代人が、金で解決できることなら（本来の道徳的意味に反しても）そうしようという傾向を持つことを示すようにも思われる。しかしそう単純ではない。ある意味でこれと反対方向の実例をあげよう。実験ゲーム理論という研究の主題の一つに、「最後通告ゲーム」というものがある。ＡＢの二者があるとし、与えられた財（たとえば一万円）を分配するのに一方（Ａとしよう）に提案権があり、他方（Ｂ）は許諾の二択しかなく、受け入れれば実行され、拒否すれば両者ともそれを得られない、という状況を設定する。このときＡは自分が九九九九円をとるという提案をするのが「理論的には最適解」となる。Ｂからすれば一円でも断ってゼロよりはましだからというのである。ところがこれを実際に行ってみると、多くの場合Ａは半額かやや多めが自分と提案し、Ｂのほうでは一円どころか二割や三割しか自分が得られない提案はたいてい拒否する。この場合Ｂは、たとえ損しても不当（つまり道徳的でない）と考える行為には乗りたくない、と考えているのであり、それがわかるからＡも、そんなに極端な提案はふつう出さないのである。また興味深いことは、提案される分配率の平均は、参加者が帰属する社会によって有意に異なることである。自分の取り分を少なく提案しがちな社会さえある。この違いは「その社会がどれくらい市場経済に統合されているか」によってよく説明されるという。この結果について亀田達也氏は、自分の利得を最大化することにしか注意を払わない、経済学が伝統的に前提する人間観（「ホモ・エコノミクス」）を反省させるものととらえる（『モラルの起源』岩波新書、二〇一七）。クールで計算高いとされる現代人にも、実は正義や道徳の意識が潜んでいることがうかがえる。

金（に代表される経済的富）への価値観が多様であることは、いまのわが国の若者にもみられる。「ふつうの」会社員や公務員でなく起業して富を得ようという若者は、確かに以前より増えている。しかしより注目されているのは、若者の経済的欲望が減っていることかもしれない。いい車に乗りたいとかいい酒を飲みたいとかのようなことにはあまり関心がない。「ふつう」で「そこそこ」の暮らしをよしとして「悟り世代」などと言われもする。バブルや高度成長を経験した世代からは、ガッツがないとか夢がないとか批判されることも多い。しかしこうした若者からすれば旧世代はがつがつして品がないと思い、踊らされてあくせくする人生では楽しくないと思っている。なるべく物を所有しないという「ミニマリスト」は極端だとしても、彼等にとっての「豊かさ」とは、物財の所有よりも自由な時間や気を許せる人間関係にある。私はここには結構健全なものがあると思っているし、友人での「シェア」や公的セクターの「コモンズ」なども位置付けた、新しい経済の思想にも意義あるものを含んでいると考える。

経済学を学ぶことは必要だが、「経済学の常識」は疑ってみよう。先ほどの「最後通告ゲーム」で、相手に一円という提案を行うのは経済学部の優等生にあるという。経済学の常識が世間の非常識になる例である。だがいまの経済学は、ますますそのような現代理論を取り入れる方向に進んではいないだろうか。すると南部雄一が考えた現代人を洗脳しているカルト教団の旗ふり役が、アメリカで経営学の学位を取ったり名門証券会社のディーラーを経験したような者たちかもしれない。

経済学批判の経済思想も必要だ。

第二部　戦後日本国民の歩みと経済

はしがき

以下の第二部はある意味では経済史である。「無理に言えば」と言われるかもしれない。風変わりなものになってはいるので、趣旨を述べておこう。

一つは、庶民の生活の視点を強く出そうとしたことである。「ふつう」の日本国民が、戦後において、どのように暮らし、何を考えてきたのかを探り、たどってみたいという意図である。この点で大衆文化なども多く織り込んだ。若い読者にはわかりにくいところもあろうが、そういう個所は「スルー」してもかまわない。はじめからお堅いだけの教科書はめざさず「遊び」の要素も入れたいと思ったので、全部わかろうという「野暮」な構えは無用である。

もう一つは、全体の前書きで述べた、本書の倫理的性格からのものである。ふつうの教科書では、直接の価値的言説は避ける。何を語り何を語らないかの選択などで既に著者の価値観は働いているのだが、それもできれば隠して「客観的意義」のようなかたちで提示する。本書ではあえて戦後日本国民（やその諸層）の各時代の意識や行動について、「よかった」のかどうか、著者自身の価値観を明示して考えるところを述べてみた。事実を「知る」ことは、自分やまわりをよくするように

「考える」ことに結びつかなければならないからであり、その材料にしてほしく思う。

それでも、戦後日本の経済の大きな流れは以下に示されていると思う。少し前にあるところで話したものがもとになっていてごく新しいことはない。書き足そうとも思ったが、漏れのないことや懇切丁寧であることだけが取り柄になるわけでもあるまいと思ってそうしないことにした。

第一章　終戦と国民

一九四五年八月、敗戦のとき、国民は何を思ったか。

1　虚脱感

まずは虚脱感です。虚脱したのは、突然だったからです。「重大発表」がラジオであると予告されたとき、いよいよ本土決戦に備える方針かと思った者も少なくありませんでした。またあれだけの犠牲と苦労の果てが「負け」だったゆえの虚脱でした。最後にあれだけ「神州不滅」を宣伝した挙げ句の「負け」だったからです。

2　解放感

しかし第二に安心感・解放感もありました。それはまずは死の恐怖からのものです。そしてじわじわと、戦時体制からのものでもありました。たとえば病弱であるだけで、あるいはジャズを好むだけで、この非常時に！とか非国民め！とか攻撃されるおそれからの解放感です。死からの解放感は平和主義への、戦時体制からの解放感は自由主義や民主主義への、体感的基礎になるでしょう。

3　戦争責任について

第三に罪悪感または責任感はどうだったのか。それを抱いたものは少数でした。将校や教員といった地位にあり、良くも悪くも純粋であった者のなかには、切腹に及んだ者もいました。しかしそれは、侵略に加担してしまった罪悪感や、長いものに巻かれて保身を図ってしまった責任感ではなく、敗北の一因として己の非力さを、「天皇陛下に申し訳ない」と感じたものでした。では権力者の戦争責任に対してはどう感じていたのか。**東久邇宮稔彦**首相は「一億総懺悔」を評語にして早くも責任を国民一般に転嫁する宣伝を始めましたが、これに国民は「流す」という態度をとったと言えそうです。占領軍が「戦犯」の逮捕や処罰を行っていった過程で、国民はおおむねそれを受け入れたようにみえます。他方で人民裁判を起こして自ら弾劾したり科刑したりすることもしませんでした。この意味では戦争も敗戦も、台風や地震のような自然災害に対するのと似た意識で受けとめたようにも思えます。

4　占領軍に対して

第四に占領軍に対してはどうか。「意外と紳士的だった」という声を多く聞いたのは、私には意外でした。力づくの犯罪行為もしばしばあったからです。「鬼畜米英」と教えられ、「男は虐殺女は陵辱」と噂されていたので、その割には「紳士的」と驚いたとは言えるかもしれません。しかしではなぜそのような噂が簡単に信じられたのか。私がその理由を納得したのは、七〇年代以降です。それは日本軍が占領地でそのようにふるまっていたからでした。米軍占領に臨んで「良家婦女の貞操を守るために」、米兵用の「慰安所」の設置計画があちこちであったようですが、日本軍の行為を考えればこういう発想になるはずです。

ともあれ、私達が全般的には「紳士的」とみなすような形で占領者のアメリカ人と対したことは、幸いなことだったでしょう。もともと日本人は、異民族を夷狄視する傾向はなく、好奇心が強く、摂取する意欲に富んでいます。自民族を優秀とする観念には素朴に嬉しがりますが、鬼畜呼ばわりに実体がなかったと知ると、「臥薪嘗胆」でリベンジを思うより、現実を受け入れました。主として実益のためではありますが、『日米会話手帳』(戦後最初のベストセラー)を買い、ラジオの「カムカムエブリバディ」で勉強することに、やぶさかではありませんでした。

5　パンパン

しかし「パンパン」はどうなのか。一部にはこれを「女性のたくましさ」という声もありますが、やはり日本国民の歴史上の恥部であったのではないかという疑念をぬぐえません。だからこそ後に、松本清張の『ゼロの焦点』でとりあげられるように、隠蔽されてきたのではないかと思われます。

戦後日本は一貫して反米民族主義は強くなく、右翼は「反共親米民族主義」左翼は「国際主義」が主流で、いわば日本全体がアメリカのパンパン化していったなかで、曖昧に流されてきたようです。近年、日本人を父として生まれたが認知されていない子がフィリピンに数多くいることを知りましたが、こうした問題にもつながっていると感じます。

終戦直後の日本国民はきわめて国際主義的でした。前の時代の国粋主義が挫折した反動ではありますす。別の言い方をすれば、それは「既成事実に弱い」という日本人の短所の表れでもあるから、単純に肯定してよいとは限りません。日本語をやめてフランス語にせよとかせめて文字をローマ字にせよとか言う一部インテリの暴論は、さすがに同意は呼びませんでしたが憤激も呼ばず、占領軍の干渉で、デモクラシーを教えるために映画にキスシーンを入れさせる（『はたちの青春』一九四六年）とか、軍国主義のもととして忠臣蔵は禁止するとかの馬鹿な文化政策は、まかり通りました。健全な国際主義というより、自信喪失による「外発的」受容です。

6　最大の関心事、食の確保

「虚脱」後の国民がまず考えたことは、「どうやって食っていくか」でした。戦争が終わっても食がなければ命をつなげません。配給制度は、既に戦争末期から破綻に近づいていました。最後の一年の空襲で、ほとんどの都市は焼け野原となり、工場の生産能力はとうてい需要を満たしません。少しばかりの設備が残っていても、多くの労働力が外地から引き上げてくるには時間がかかります。

経済面でも支配層のモラル・ハザードが、弱い者にほど強くのしかかります。軍の隠匿物資は闇に横流しされる一方で、闇を拒む正義の裁判官や、『ホタルの墓』のこどものようや無告の民は、文字通りの意味で餓死しました。まだしもましなのは農民で、都市庶民はわずかに残った衣類などを持って米や芋などを買い出しに行く、「たけのこ生活」「たまねぎ生活」を強いられました。いろいろな意味での「食い物の恨み」は、終戦直後を生きた庶民の、痛烈な体験となっています。戦時中、「竹槍でB29に向かっても大和魂があれば最後は神風が吹いて勝つ」といった精神主義が振り回されただけに、国民の物質主義への逆揺れも大きく、また日本はアメリカの物量に負けた、というような単純すぎる総括も流布することになりました。

7　戦後ヒューマニズム

とはいえ、終戦直後の日本国民もパンのみにて生きるものではなく、文化に対する旺盛な需要も起こりました。雑誌が雨後の筍のように生まれ、新刊本の発売を待つ人々が空き腹で本屋に並びました。その内容を考えると、新思想系統も無論ありますが、大正教養主義の系統もありました。他方でまた「アプレ」らしく、教養なんて糞食らえとばかりの無頼派や肉体派も喝采されました。混沌と言えば混沌ですが、最も広い意味でのヒューマニズムとも性格づけられるように思われます。友情や愛や真理や美を求めるのも人間、また堕落し虚名を追い、性や薬の一時の享楽に溺れるのも人間、というわけです（**志賀直哉**『灰色の月』一九四五年：**宮本百合子**『播州平野』：**野間宏**『暗い絵』：

坂口安吾『堕落論』：田村泰治郎『肉体の門』一九四七年）。いずれにせよ、神国日本に滅私奉公する日本人、といった嘘や建前はもうたくさんだ、とにかく人間の本当の姿をとらえ、肯定する思想や文芸をみたい、そしてお手本に従ってではなく自分自身の心に従って笑い、泣き、感動したいと思っていました。

第二章　戦後改革と国民

戦後改革を、国民はどう受けとめたのか。

1　新憲法制定

最大の改革は、いうまでもなく新憲法制定です。

旧体制の崩壊があり、諸改革の進展があったなかで、体制自体の変革の法的表現である憲法改定は、自ずから求められてきました。各政党や団体も試案を発表しました。こうした動きに押され、また占領軍の示唆を受けるにも及んで、政府も動きました。それでも庶民の多くにとっては、外発的な変革であったとは言えるでしょう。

2　象徴天皇制

今日憲法問題と言えば現行九条（戦争の放棄）関連ですが、制定時はこれはほとんど問題になりませんでした。当時最大の争点となったのは、今日ではほとんど騒がれない現行一条（象徴天皇制）関連でした。終戦時における支配層の最大のこだわりは「国体の護持」でしたが、それは終戦後にも続きました。四六年正月にいわゆる天皇の「人間宣言」が出され、保守層も「現人神」にして「神聖不可侵」の天皇はもはや護持できなくなりましたが、自由党の憲法草案では、まだ政治上の最高権力者でした。しかし国民はそれを支持せず、象徴天皇制をよしとしました。また逆に当時の共産党は天皇制を廃止した純粋な共和制を主張しましたが、これも国民多数の支持は得ませんでした。どうしてなのか。天皇制一般の問題と昭和天皇の戦争責任の問題とから考えられます。

一九三四年、軍部や右翼の圧力で美濃部達吉博士の「天皇機関説」が弾圧されたとき、昭和天皇自身は機関説でいいじゃないかと漏らしたという挿話があります。すなわち政教一致して天皇神格化が徹底されたのは短い期間に過ぎず、このときに洗脳されてしまった小国民世代を除けば、特に大正デモクラシーの影響を幾分でも受けた人なら、さめた意識を取り戻すはずです。十字軍の挫折がローマ教皇の権威をゆるがせたように、神憑りの信念のつきものは落ちました。他方、天皇が実質上の最高権力者であった時期は長くなく、いいくにつくろう鎌倉幕府から江戸末期までは、昭和初期よりもむしろ象徴天皇制に近いのが実態でした。そうしてみれば国民が権力なき天皇という制度を抵抗なく受け入れたこと、逆に天皇制の完全廃止にはこだわらなかったことは自然です。

3　天皇の戦争責任

では戦争責任についてはどうか。東京裁判で裁かれなかったのは、天皇を利用しようとしたアメリカの戦略でしかありません。いわば天皇側とマッカーサー側は相互に利用し合い、昭和天皇は平和主義者であり国民のために終戦の英断を下し、また自ら責任を取ろうとしたが、最高司令官**マッカーサー**の理解と度量で恨みを残さぬ処置がとられた、という神話が作られていきます。この神話は現在も、右翼のメディアや教科書を通じて広められている嘘です。しかしながら当時の天皇がヒトラーやムッソリーニとは違って、実質上の最高権力を行使した者ではないこと、また昭和天皇の人柄もはっきり独裁的とか軍国主義とかは言えないこと、も事実です。もともと責任倫理の意識が薄い国民が強いて戦争の「責任者」を特定しようとすれば、「東条」なり「軍」なりは挙がっても、天皇は挙がりにくいことは、あながち洗脳のせいばかりではありません。客観的には昭和天皇の戦争責任は否定できないと思われますが、この点を考えると、連合国による国際裁判という形であれ、日本国民による人民裁判という形であれ、強権的処罰を行ったほうがよかったかどうかは疑問です。ただ次のことは言えるのではないでしょうか。終戦時に、遅くとも講和条約の発効時において、天皇が自ら責任を認めて退位することが望ましかったのではないかと。そのけじめがなかったことによって、一つは戦後日本の道徳的退廃を、もう一つは戦前の復古に向かう政治的反動を、助長したように思われます。そしてこの自主的で平和的なけじめは、国民多数によっても支持されたのではないでしょうか。

さて、保守勢力も主流派は象徴天皇制を受け入れ、復古でなく新戦術に切り替えました。それは「愛される皇室」づくりによって、天皇家の伝統の力を「デモクラシー」と接合し、体制の正統性（レジティマシー）に利用しようとすることでした。文化人や人気タレントと対談させたり、明治新政府にならって地方巡幸させて国民各層と接触させせました。直視すると目がつぶれるなどと言われた戦前はもとより、平成以後の今日よりも皇室と国民の距離は近くなり、流行語は、〝耐え難きを耐え忍び難きを忍び〟から、〝あっそう〟に変わりました。

4　男女平等

戦後改革は、長期的には最大のものは勿論新憲法制定ですが、その時点から大きな効果を与えたのは、男女平等と農地改革です。男女平等が大きな意味を持った理由は、いうまでもなく、国民の半分は女性だからです。この改革の本質については説明不要と思われますので、補足的な一点について述べます。それは今述べたばかりの、君主制としての天皇制の廃止、と深く結びついている、ということです。すなわち家族になぞらえられていた日本民族の「家父長」としての天皇は、実際の家父長制によって支えられていたからです。戦後最初の刑法改定によって、犯罪規定そのものがなくなったのが「大逆罪」と「姦通罪」であったことは示唆的です。こうして「イエ」制度とはいちおう異なる戦後の家族制と、君主制とはいちおう異なる戦後の天皇制とは、その後の半世紀を機能した後に、いまや両者が接合する箇所できしみ始めた様子です。すなわち雅子さん問題であり、愛子さん問題です。

5　農地改革

農地改革が大きな意味を持った理由は、これは言わないと気づかれないかもしれませんが、当時の日本国民の半分は農民だったからです。農民にとって最大の関心事は土地ですから、半分近くを占めていた小作人が土地を所有する自作農になったことは大きな喜びでした。無論少数の「被害者」はいたわけで、華族の「斜陽」は、新憲法によって特権を失ったことと合わせて、経済基盤の喪失によります（**太宰治**『斜陽』一九四七年）。が、おしんのように小作として苦しんできた人々は彼等に同情するはずもなく、むしろこのために「マッカーサーに感謝している」という声も聞きます。しかしここには誤解もあります。アメリカは実はあまり積極的でなく、その主導で行われた第一次改革は富農しか恩恵を受けないものでした。それが徹底したものになったのは、無論小作運動などの自力もありますが、ソ連とイギリスの圧力によるものです。「占領軍」は建前は「連合国軍」ですが、実体はほとんどアメリカが仕切るものになっていました。しかし他国が関与する細い入り口になっていた極東委員会と対日理事会を通じて、他国の主張が生かされた例外的な出来事が、農地改革だったのです。

封建的土地制度の一掃は、市民革命の最重要課題の一つです。しかしフランス革命でも、初期の穏健派ジロンド政権においては富農のための不徹底なものでした。農民の大部分が土地所有者になれたのは、急進派のジャコバン政権の施政によります。しかしこうしてプチ・ブルジョワジーになった農民は、急進派だけでなく革命から離れて保守化しました。十九世紀のフランスにおいて最大多数を占めた小農民は、王党派にはなりませんが、ナポレオン一世や三世の帝政を支え、社会主義や急進共和主義に対抗しました。

同様に自作農となった戦後日本の農民は保守化し、以後半世紀の保守政権を手堅く支える層となりました。

6　共産党の再建

この時期、国民に愛されようと努めたのは皇室だけではありません。再建された共産党もそうでした。周知のように治安維持法は共産党を禁止し、多くの逮捕者を拷問で虐殺までしました。しかし共産主義に好意的でない者にとっても、思想的理由による弾圧は、知識人にとってはそれ自体悪であり、庶民にとってはわかりにくいものでした。そこで権力者たちは、共産党員を悪人であり危険人物であると印象付けようとしました。スパイを潜入させて銀行を襲わせたり、そのスパイが疑われて調査中に事故死するとリンチ殺人であると誣告したりして、思想犯とは強盗や人殺しのたぐいであると宣伝しました。「愛される共産党」という戦略はこれを払拭するために必要でしたが、弾圧体験は逆に戦後共産党に威光を与えることになりました。特高や憲兵の支配の下で、ご無理ごもっともと屈してきた国民にとっては、節を持して非転向を貫き、とりわけ、いわゆる社会民主主義の諸勢力が戦争協力へとなびいていった中で、戦争反対を貫いたことには、驚き、感心しました。**宮本顕治**が十二年、志賀義雄が十五年、徳田球一が十八年の獄から解放され、また延安で日本と戦った日本人岡野進として一部で知られていた**野坂参三**が帰国してきたとき、多くの国民が迎えたのは単なる好奇心からではありませんでした。しかし結局のところ、終戦直後の日本国民が共産化することはありませんでした。それは共産党自体が、戦前の三二年テーゼを受け継ぎ、当面の課題を民主主義革命と位置づけたので、四七年に**片山哲**内閣を実現させた社会党など社会民主主義勢力はもとより、保守主流派もいやいやながらでもこの流れに掉さす限り、（先に農地改革についてみたように）急進化への歯止めともなったからです。つまりこの時期における共産党の意味は、民主化の徹底への貢献という点に見るべきであり、たとえば新憲法案が審議された議会で、国民主権を明示する文言が入る修正がなされたのは、野坂参三議員の提案によることなどは記憶に値します。

7　焼け跡のこどもたち

終戦直後のこどもはどうか。最も不運だったのは戦災孤児です。たとえば上野のガード下をすみかとし、ギャングの手下としてかっぱらいをしたり、モク拾いや靴磨きで自活したりしました。民間の慈善施設などができると〝緑の丘の赤い屋根〟が〝オイラの家〟となる子もいました。親元から学校に通えたこどももいつもすきっぱらで、栄養失調になったりお昼の弁当がないこどもがいるのが、教員の悩みでした。それでも適応力の強いこどもは、進駐軍のジープに群がって「ギブミーチョコレート」と叫びました。しかし年長の小国民世代は、教科書の墨塗りや一部教員の豹変振りに、おとなや人間一般への強い不信を刷り込まれる者もいました。

8　時代の雰囲気

大まかに言って、ほとんどの国民が腹ペコで苦労した終戦直後ですが、希望に胸膨らませてもいました。〝赤いりんごに唇寄せて〟「青い山脈」を望み見（「リンゴの歌」一九四六年、石坂洋二郎『青い山脈』一九四七年）、混乱の中をエネルギッシュに生き抜いていきました。

第三章　復興と講和

一九五〇年の**朝鮮戦争**の勃発（五三年停戦）は、戦後日本の大きな転機になりました。アメリカが対日方針を転換して日本の保守勢力の復活を助け、日本はいちおうの独立と経済復興を実現したものの、対米従属的な枠組みの中で民主化から逆コースに転じました。

1　経済復興

朝鮮戦争は経済的には、復興実現への大きな要因となりました。それ以前から、あるいは傾斜生産方式による基幹産業の立て直し、あるいはドッジラインによるインフレ対策など、統治者は経済を放任してきたわけではありません。しかしこれらの政策が仮に必要だったとしても、ただちに国民生活を改善するものではありませんでした。しかしここに米軍への**特需景気**が起こって一挙に軌道に乗りました。終戦後十年目で経済水準は戦前に戻り、その翌年の経済白書は「もはや戦後ではない」と宣言しました。事実この十年で、基本的な栄養水準に満たない国民は一割を切り、「食」

兵しなかったこともあり、国民各層はこれを飢えから解放してくれた天佑と受けとめました。

の面では最低限の解決は果たされました。火事場泥棒的儲けではありますが、戦前と違って自ら出

2　逆コース

朝鮮戦争は、日本政治に対しては、民主化に対する逆コースを決定付けました。少し説明します。アメリカが日本の民主化を進めたのは、反ファシズムを大義名分とする連合国として、ポツダム宣言を履行するためでした。しかしそれに劣らず、帝国主義のライバルとしての日本を弱めるためでもありましたが、初期には二つの目的は両立しました。政教分離と天皇君主権の廃止は民主化の第一要件ですが、日本帝国のイデオロギーと主権とを敗北させることでもありました。ＧＨＱに若干の平和主義者や理想主義者がいたことも事実ですが、戦勝国が敗者の再軍備をたやすく認めないことには、崇高な思想は必要ありません。そして大日本帝国の経済基盤は独占資本と寄生地主でしたから、財閥解体と農地改革とは、日本の民衆のためであるとともにアメリカ資本のためでもありました。クレージーなジャップがリベンジを図れないように弱くしておく、これが対日方針でした。ところで戦後アメリカの世界戦略として最大なのは、**対ソ封じ込め**です。そのためにアメリカがアジア方面ではじめあてにしていたのは中国でした。日本に対してともに戦っていた蒋介石の国民党政権です。ここがしっかりしていれば、日本は無力な「東洋のスイス」でかまわないという腹でした。ところが四九年に蒋介石は共産党の毛沢東に敗れて台湾に落ち、新たに成立した中華人民共和

国はソ連と同盟を結び、朝鮮戦争にも義勇軍を出して米韓を敵としました。こうなると日本の位置づけを、弱めるべき旧敵国というより、適度に強い同盟国に変えねばなりません。占領政策の転換は、東西対立の激化につれて進みました。旧軍人を呼び戻し、「警察予備隊」の名で再軍備への第一歩を踏み出し（五〇年）、政界でも軍国主義に責任ありとされた者の追放を解除して復帰させました。逆に同時期のアメリカ国内でもマッカーシーを中心に行っていた思想弾圧を行い、共産党は再び事実上の非合法化されました。GHQの民主化の二面性ははじめから存在はしました。たとえば検閲と報道統制で占領軍批判は禁止されていました。反民主的な側面を大きく出した初期の出来事としては、四七年二月一日のゼネスト禁止が挙げられます。憲法で定められた労働基本権を踏みにじって、議長の井伊弥四郎を文字通り銃剣で脅してNHKのマイクの前で中止指令を出させたのです。戦前の弾圧における、反体制派を人殺しや強盗のたぐいにみせる工作について前に述べました（第二章6）が、歴史は繰り返します。四九年に下山事件、三鷹事件、松川事件と起こり、国鉄総裁が轢死したり列車転覆が図られたりしたのは、共産党等の組織的陰謀とされて逮捕がなされるなか、職場の「赤狩り」が進みました。これらの事件はその後すべて無実の判決が確定しましたが、真相・真犯人はどうだったのかはいまだわかりません。七三一部隊との関連が疑われる帝銀事件等とともに、戦後史の闇の部分として残っています（松本清張『日本の黒い霧』）。

3　講和と保守体制の確立

日本国民はこの逆コースに一方的に流されていたわけではありません。全面講和を実現するか、それともアメリカへの従属的な同盟、ソ連中国との対立を意味する「単独講和」か、という形で対立が現れました。結果からいえば**吉田茂**首相が五一年に**サンフランシスコ講和条約**と**日米安全保障条約**とを結ぶことで、保守派の勝利となりました。その理由は何であったのか。これは理想主義と現実主義との対立ともみられ、そういうときにほとんどそうであるように、現実主義が勝った、と言えないでしょうか。当時の国民にとって最も切実であったのは飢えからの脱出であり、それゆえ好景気と復興という現実がある限り、たとえ吉田首相が、反対者をあるいは「曲学阿世の徒」あるいは「不逞の輩」と誹謗する「ワンマン」として苦々しくは思っても、倒すべき政権とまで考える者は少なかったのでしょう。逆に革新派は弱点を示しました。社会党はこの肝心なときに分裂してしまいましたが、これはこの政党が最後まで反復するパターンとなるでしょう。共産党もまたソ連の干渉により分裂状態となり、その一部が過激な闘争にはしることで国民の信用を失いました。ソ連・中国・北朝鮮等、社会主義や共産主義という看板を偽って掲げた諸国の誤りや悪事は、その後も日本の左翼に多くのとばっちりを与え、戦後日本の保守支配の一因は、これらの諸国のたくまざるアシストに求めたくなるくらいです。

4　民衆の娯楽と倫理

五二年、講和条約が発効しました。安保条約によって、米軍は占領軍から駐留軍に看板を付け替えただけで居座り、政治経済でも対米従属は続きますが、建前上「独立」を回復したことにより、ナショナリズムの動きが強まりました。と言っても占領終結は国民総意だったこともあり、この動きは基本的には、反動や復古というより、それまでの極度の事大主義に対する自然なゆり戻しであるように思われます。

占領下のラジオで国民が真剣に聞いていたのが復員便り、戦後デモクラシーらしさをうかがえるのが街頭インタヴューでしたが、政治経済とも一段落すると、最も日常的な娯楽手段の性格を強めました。スポーツでは相撲とともに野球が復活、打撃の神様川上、赤バットの藤村、鉄人稲尾らはスターで、メンコの絵柄でも人気でした。戦前にエンタツ・アチャコによって確立された「しゃべくり漫才」は、ミヤコ蝶々・南都雄二によって受け継がれました。が当時演芸として無視してならないのは**浪曲**で、義理人情に生きる侠客の姿は日本人の心から消えません。銭湯で温まると、「旅行けば〜」とか「利根の川風〜」とうなるにわか勝太郎が、どの町内にもいたものです。その後浪曲こそほぼ死滅したものの、この路線は、高倉健の仁侠映画を経て、「セーラー服と機関銃」や「ヤンクミ」にいたるまで続いているように思われます。

流行歌も同様で、春日八郎は歌舞伎の古典「世は情け浮世の横櫛」をネタに歌い、破格の流行となりました。「死んだはずだよお富さん」とは、実は当時の日本人が、国民文化の蘇生力に賛嘆した声だったのではないでしょうか（一九五六年）。村田英雄が歌った「人生劇場」（一九五九年）の男の美学は、五木寛之の『青春の門』に受け継がれていきます。浪曲出身の三波春夫はシベリアに抑留されていたときはプロレタリア浪曲を語っていたようですが、日本では「ちゃんちきおけさ」（一九五七年）の演歌歌手となりました。お客様を神様とするこの国民的歌手は、日本庶民のしたたかさと無節操さを体現し、六四年には「オリンピックの顔と顔」を、大阪万博では「一九七〇年のコンニチワ」を唄うでしょう。女性のほうでは、占領期には笠置シズ子のエネルギッシュな「東京ブキウギ」（一九四八年）のバタ臭い方向から逆に、やはり浪曲調演歌の二葉百合子に戻りました。ちゃんばらが解禁され、ラジオで「ひゃらりひゃらりこ」の唄が流れると「笛吹き童子」にひきつけられ、「名を名乗れ――赤胴鈴乃助だ」の名せりふに、夢は大きな少年剣士が聞き入りました。このラジオドラマの声優としてデビューした一人に、吉永さゆりがいます。

新しいスポーツ、むしろ格闘ショーとして人気を集めたのはプロレスです。これはラジオには適さず、五三年放映開始のテレビの目玉になり、五〇年代は庶民は買えませんでしたが、街頭テレビで「黒山の人だかり」になったのは、名横綱双葉山と並んで、**力道山**の活躍でした。プロレスそのものはアメリカ由来ですが、相撲から転じたこのレスラーのスタイルは日本的でした。ずるがしこい敵の反則攻撃に辛抱我慢を重ねながら、いったん堪忍袋の緒が切れると捨て身の反撃を炸裂させます。決め技「空手チョップ」により外人レスラーを倒す姿は、敗戦と占領によって傷つけられたプライドの復活を国民にもたらしました。まさにその力道山が、実は朝鮮人であったことは、日本のナショナリティとナショナリズムの、複雑で皮肉な姿を示しますが、当時の国民はそれをどれだけ知っていたでしょうか。

こどもは街頭テレビだけでなく、金持ちの家に「テレビ見せて」と平気で上がりこみましたが、その目当ては「月光仮面」でした。紙芝居の目玉だった「黄金バット」の系統ですが、変身ものヒーローであり、コスプレネタでもある、テレビにふさわしいつくりでした。殺すな憎むなという評語で、悪の打倒でなく更生させる思想も、戦後日本の平和主義を体現しています。誰もがみんな知っている月光仮面の原作者は川内康範です。彼は作詞家としては、「雨の降る日は傘になり、お前もいつかは世の中の傘になれよと」真実の愛を説き、海外戦死者の遺骨収集に尽力し、無差別テロの怪人二十面相と闘うなど、戦後日本の統治者が道徳を見失い、知識人がニヒリズムを衒う中で、正義を求めて生きました。

文芸では、旧軍に集約される旧日本の構造や、戦後の対米関係などをリアルに追及した作品等も出た一方、古典主義やモダニズムの美学で装飾された退廃的な作品が持ち上げられたりもしました(野間宏『真空地帯』一九五二年、小島信夫『アメリカン・スクール』一九五四年、三島由紀夫『金閣寺』一九五六年、石原慎太郎『太陽の季節』一九五五年)。

5　独立後の政治

国民意識の復活は政治にも現れます。吉田茂は、親英米派のイメージと、東条に逆らって憲兵に逮捕されたという武勇伝を売りに、ＧＨＱと提携しつつ統治しました。これに替わった**鳩山一郎**は、追放解除によって登場し、戦時中国での麻薬売買で巨富を得た右翼のボス**児玉誉士夫**の資金援助で作られた**自民党**の初代総裁におさまりました。首相としての最初の総選挙で第一に訴えたことは「自主憲法制定」でしたが、これは国民の支持を得られず議席を減らしました。しかし単独講和体制の偏りを正すという姿勢は歓迎され、ソ連と国交を回復し（一九五六年）、国際連合への加盟を実現させたことは、国民各層にとって喜ばしく思われました。

革新派のほうでは、社会党も共産党も統一を回復し、思想的には護憲や平和の勢力として、経済的には勤労者の生活向上の力として、反自民の国民層の期待を取り戻しました。

しかしこれに劣らず注目すべきことは、大衆運動の強まりです。一例だけを挙げれば反核運動ですが、大きなきっかけになったのは五四年、アメリカがビキニ環礁で水爆実験を行い、第五福竜丸が被爆した事件です。被爆国である日本では早くから起こりそうですが、占領軍の報道規制により、多くの国民が広島・長崎の実態をリアルに知るようになったのはこの時期でした。そこに三度目の被爆があり、核の脅威と、その阻止のため国民自らが声をあげる必要を感じたのです。同年の映画「ゴジラ」は、無論基本は娯楽ものですが、海底に眠っていたゴジラが水爆実験で目覚め日本を襲うという設定になっています。ラストで太平洋に戻っていくゴジラに単純なハッピーエンドでなく、核がある限りゴジラの再来もある、と骨っぽいメッセージを重ねています。杉並アピール等は一般市民が国際政治も動かしていく可能性を開きました。アメリカや親米文化人からは「アレルギー」

などと揶揄されながらも、日本国民の反核意識は六〇年代にも続き、非核三原則を国是化した佐藤栄作首相にノーベル平和賞を得させる力にもなっていきます。日本国民のエネルギーとイニシアティヴを示す貴重な伝統ですが、六〇年代までの反核平和運動には限界もありました。一つは、戦争はもうこりごりだという体験や感情に寄りかかるあまり、なぜそうなったのかという知的反省の面で、国民意識の深まりは乏しかったことです。第二は、その感情が主に被害者としてのものであり、これと結びつきますが、「無謀な戦争をしてアメリカの物量に負けた」という意識が強く、「不正な侵略戦争をしてアジアで既に負けていた」ことの認識に乏しかったことです。無論加害意識に苛まれていた人々もいましたが、庶民はすべて善良な被害者とするのは実態に即しません。九〇年代以降の歴史修正主義者は、アジアでの日本軍の虐殺などを否定しようとしますが、六〇年代まではまだ日本の庶民の中には、これらの行為を懺悔としてでなく武勇伝として語る者もあったことを、忘れるわけにいきません。それにはむしろ武勇伝としての誇張もあったでしょうが、少なくともそれは、中韓政府の「愛国教育」や「反日政策」から生まれたものでなく、それ以前のものです。

鳩山を継いだ石橋湛山は、骨のあるリベラリストとして戦前から聞こえ、「小日本主義」の持論も、「大日本帝国」崩壊後に改めて見直す価値がありました。病によって力を出す前に亡くなったことは残念であり、それを**岸信介**が継いだことによって、日本は再び対決の時代を迎えることになりました。

六十年安保は、戦後日本の最大の政治闘争になりました。安保改定を目指す岸政権に対して反対派は共闘し、数万のデモが連日国会を取り巻く状況になりました。今日、彼等は新安保条約を必ずしも理解していなかった、という人がいます。確かに内容を正確に知っていた大衆は多くなかったかもしれません。しかし彼等の不信や嫌悪感は、東側の煽動でなくゆえあるものでした。岸信介は満州におけるファッショ官僚として頭角をあらわし、あの東条英機内閣の大臣を勤め、しかしなぜか戦犯として起訴されず政治生命も絶たれずゾンビのように蘇って「妖怪」と呼ばれたのは周知であり、「デートもできない警職法」を推進する等、新安保批准の強行採決に至る反民主的性格もみえていました。また要するに新安保が、日本をアメリカの戦争に加担させるものであろうという直感は、後のヴェトナム戦争の現実でも裏付けられたものです。しかし結局は岸政権は反対派を納得させることなく力で押し切り、六〇年六月、自動承認を迎えるというかたちで安保闘争は終わりました。その年の長い梅雨が「挫折感」を抱いた人々に降るなか、サッチンの唄が流れました。「アカシアの雨にうたれて、このまま死んでしまいたい——」。

第四章　高度経済成長

一九六〇年、岸信介首相が退陣し、かわった**池田勇人**首相は、「寛容と忍耐」を掲げました。六十年安保で大きくもめた後の国民の支持を集めるべく、具体的に彼が打ち出したのが「所得倍増計画」で、国民の所得を十年後に二倍にするというわかりやすい目標です。通産相時代に「貧乏人は麦を食え」と言ったこの政治家が、国民生活の向上を第一にしていたとは考えられません。しかし結果として当時の国民感情をうまく汲み取り、政治から経済へと関心を転換することに成功しました。変わり身の早い日本国民にとっては、四年後の**東京オリンピック**という格好の目標も与えられました。「私は嘘を申しません」と見得を切った池田首相も、実は自信がなかったと後に認めています。反対派や知識人も大風呂敷だと叩きましたが、実際にはこの「計画」は達成されます。これにより**高度経済成長**の時代となり、この池田、**佐藤栄作**、田中角栄の十余年間の経済成長率は平均十%に達しました。

1　経済成長の要因

高度経済成長がこの時期に実現した要因を考えましょう。第一に、労働力の増大。戦後のベビーブーム期の出生率は四・五でしたが、それが六十年代には義務教育を終えて労働市場に入っていきました。第二に、平和主義により、その若い労働力を戦争や軍需産業でなく民生に生かせたこと。国家財政も軍備でなく経済成長に利用でき、高い貯蓄率によって設備投資にも有利だったこと。第三に消費革命によって国内需要が拡大したこと。第四に、戦後の改革の成果が徐々に現れ、特に農地改革と労働運動によって農民と労働者を中心に購買力の底上げができたこと。第五に、池田首相が欧州で「トランジスター商人」などと揶揄されながらも官民の努力により海外市場が拡大したこと。第六に石炭に変わってエネルギーの主力となった石油などの資源を安く入手できたこと。

2　サラリーマンの黄金時代

いまから思えば一九六〇年代は、日本のサラリーマンの黄金時代でした。新婚ほやほやの中村君(「おーい中村君」一九五八年)は定時になると伝書鳩のように帰宅し、C調の平均(たいら・ひとし)(植木等が演じたサラリーマン映画の主人公)にいたっては時間中に手を抜いても〝ちょっくらちょいとクビにはなりゃしねえ〟とうそぶく始末です。江分利満氏(山口瞳『江分利満氏の優雅な生活』一九六二年)は「人間らしくやりたいナー」と思うときには、月賦で買ったステレオを社宅で聞きながらトリスを傾ければ、夢のハワイ旅行は当たらなくてもささやかな幸せを感じました。

ただし中村・江分利・平は大企業の社員です。六十年代前半の経済成長を底辺で支えたのは、たとえば金の卵として集団就職した中小企業の従業員です。裕次郎をみてイカスぜと思いロカビリーにシビレちゃうのは、世界の違う中産階級の男女であり、森繁が社長だったりクレージーが社員だったりする映画の世界が、彼等にはより近い理想であり、そしてその現実に近いのは、たとえば関西のテレビ番組「番頭はんとでっちどん」だったでしょう。その辛い生活の中で、上野駅を見ると、〝くじけちゃならない人生が／あの日ここから始まった〟と思いますが、その日とは十五歳でしかなかったのです。

3　最初のテレビっ子

テレビは、五九年のミッチーブームを機に半分近く、六四年の東京五輪ではほとんどの家庭に入りました。五〇年代生まれは最初のテレビっ子です。「アトム」を見てはマーブルチョコの筒をポンと開けることに熱中し、エイトマンを見ては丸美屋のふりかけを食べ、狼少年ケンを見ては森永ココアを飲みました。それぞれのキャラクターシールを部屋に貼って怒られ、写真機を向けられると「シェー」のポーズを決めました。好きなものは巨人大鵬卵焼きで、たまのごちそうで喜んだのはインド人もびっくりのＳＢカレーです。アニメ以外のテレビ番組では「てなもんや三度笠」のインパクトが大です。おそらく清川八郎や桂小五郎が出る幕末ものとして見たこどもはおらず、白木実がおとなだと教えられては驚き、財津一郎のギャグに笑い転げるナンセンス芝居としかみなかったでしょう。番組の中でスポンサーの宣伝が出ても、関西の番組なら「あたり前田のクラッカー」です。上品志向の家庭ならＮＨＫの「チロリン村とくるみの木」「ひょっこりひょうたん島」の人形劇で、藤村有弘や黒柳徹子の七色の声を耳にしました。女の子は鏡を見ては「テクマクマヤコン」と呪文を唱え、サリーちゃんグッズを備えました。キャラ設定されたリカちゃん人形は少々高く、六七年に初代を買ったのは中流以上と言えそうです。

4　民衆のアメリカナイゼーション

おとなはどんなテレビ番組を見たか。初期の頃はアメリカものが多かったのですが、これは政治的意図によるのではなく、日本側にまだコンテンツが少なかったせいです。そしてテレビという等身大のメディアによるアメリカの受容は、安保後の日本国民に大きく影響したように思われます。「コンバット」のような戦争ものもありましたが、重視したいのがホームドラマで、これが日本庶民に、Ｂ29、原爆水爆のアメリカでない、アメリカ中流市民の生活と意識とを伝えました。ある者は、お偉いさんでもないのにマイカーを持ち大きな冷蔵庫のある庭付きの広い家に住むアメリカ生活に憧れ、ある者は、フランクで陽気なアメリカの家庭に憧れました。無論ブラウン管のなかだけでなく、日本国民の生活も変わりました。洋服を着るのはもはや普通のことになり、朝はパン食の家も増え、「薬くさくてイヤだ」という爺さん婆さん以外はコーラも飲まれました。かくして六〇年代は再び親米化に動きます。

5　物欲時代

高度経済成長を牽引したのは家電です。所得倍増計画発表時に我が家にあった家電はラジオだけですが、それから石油危機のときまでに買ったと思われるものをあげれば、テレビ、電気洗濯機、電気冷蔵庫、電話、電気炬燵、電気ストーブ、電動ミシン、ステレオ、電気掃除機などでしょう。日曜昼のテレビ番組「がっちり買いまショー」は、てんやわんやの司会による、まさにこの時代ならではの物欲エンターテイメントで、やはり関西系でした。ウクレレ片手の牧伸二のチャリティショーは、罪滅ぼしのつもりもみせたかったのでしょうか。またトニー谷が「あなたのお名前なんてえの？」と踊るときそろばんを楽器にしたのは、風刺的意図があったのでしょうか。

6　安定の中のせめぎあい

六〇年代前半の親米化は、反ソや右傾化を意味しませんでした。五六年のスターリン批判によってソ連の新路線を切り開いたフルシチョフは、緊張緩和政策を進め、六二年のキューバ危機は譲歩によって乗り切り、西側と共存し、戦争でなく平和的競争によって勝つ方針を示しました。事実宇宙開発ではアメリカを出し抜く成果を次々と挙げ、平和勢力としての威信のほかに、科学技術、医療や教育の無償化、婦人の進出などの分野で優位性を示しているように思われました。

国内的には**革新自治体**の成立があります。その背後には、「伏魔殿」と呼ばれた都庁を始め、地方でも金権腐敗の多い保守政治に対する公正・清潔の要求とともに、福祉の推進が大きく、社会主義イデオロギーによるものではありません。経済成長のしわ寄せの是正として、福祉と環境は、日本政治の重要課題でしたが、これらはまず革新自治体が手をつけ、後に保守政権が国政で取り入れたものも少なくありません。腐敗も客観的事実ですが、このような柔軟性も併せ持っていたことが、かえって保守政権の長期化を支えた面があります。

以上をまとめれば、アメリカへの好感とソ連への好感、国内革新勢力の前進は、ともに物質主義的なものとして共存できました。

7　国民の成熟

水前寺清子の明るく前向きな演歌は、まさにこの時代の産物です。〝ボロは着てても心の錦〟と歌ったのは、ビートルズ来日の六六年ですが、このときは文字通りのぼろを着なければならない国民は一割未満になっていました。戦後最初の十年では食において最低限をクリアーしましたが、次の十年では衣において最低限をクリアーしたことになります。東京凡太のいなかっぺネタにももはや笑う余裕ができました。それにしても国民全体で考えれば、一番人気はジャズでもロックでもなく水前寺清子であったことはおさえるべきです。アメリカナイズと言っても無制限ではなく、また日本国民は旺盛に外来文化を摂取しても飲み込まれてしまうのではなく、アンパンのように、自己流に変容し活用する自力を持っています。

オリンピックにしても、「外人に恥ずかしい」という意識から主体性を失うこともありましたが、逆にその成功によって取り戻した自信は、偏狭な右翼イデオロギーによるものとは違い、開かれ地に足が着いたものでした。無論素朴なお国贔屓から私達は勝利を喜びましたが、「結果がすべて」というプラグマティズムにはまだ毒されておらず、「負けるが勝ち」という日本思想もまだ健在でした。小学生の運動会でも、誰かが「勝つ！」と宣言すると、「新太郎」とつけて「いやな渡世だな」と座頭市になるギャグのほかに、〝と思うな／思えば負けよ〟と**美空ひばり**の柔の心が歌われたりしました。

また六〇年代も後半になると、まだ大学に進む者は少数派ながら、新制高校には大部分が進むようになりました。かくして赤い夕日が校舎を染めれば楡の木陰に声がはずみました。高度経済成長を持続させた大きな要因は技術革新にありましたから、ベビーブームで若者の数が増えただけでなくその質も次第に高まったことは重要です。当時の学生はよく学び、労働者はよく働きました。

68年には日本はGNPで資本主義国第二位になりましたが、一人あたりでは第20位でした。国としては先進国入りと言えますが、ふつうの国民としては、もはや貧乏ではないが金持ちでもない、というのが当時でしょう。街ではミニスカートが目立ち、ささやかなレジャーブームに昭和元禄と言われ、学者大使ライシャワーは生産力観点から、明治百年を近代化の成功として持ち上げました。こうして、近づきつつある一九七〇年は、期限が切れる日米安保という政治課題でなく、**大阪万博**の年として意識されるようになりました。

8　学生運動

政治意識が最も高かったのは学生で、六八年のパリ五月革命やヴェトナム反戦ともからんだアメリカ学生運動の影響などもありました。東大では医学部問題、日大では不正経理問題などきっかけはさまざまですが、若者たちは、小川ローザの「オー、もーれつ」にしびれ、赤塚不二夫のナンセンス・ギャグに笑い、平凡パンチのグラビアにどきどきしながら、学生集会や大衆団交、またデモ行進に参加しました。六十年安保のときと違い、戦火も飢えも直接には知らない彼等は、より文化的でありより観念的であったと言えるかもしれません。〃若すぎるからと許されないなら／髪の毛が長いと許されないなら／いまの僕らに残っているのは〃、さてなんでしょう。〃涙をこらえて口ずさむだけさ〃(北山修詞「戦争を知らない子供たち」一九七〇年)。後の世代である私からしても、このへっぴり腰はなんなんだと驚いてしまいます。直情径行にはしった「フランシーヌの場合」(一九六九年)に対しては、〃あまりにも悲しい〃と怒りより同情へと、やはり引いた構えになります。

この変化の底流を探れば、二つのことが言えるかもしれません。一つは、〃ほんとのことを言ったら／おりこうになれない〃というように、六〇年代の「経済成長」を力として、体制が安定し支配が内面に食い込んできたことです。それゆえ闘争に立つ学生たちが体制否定に劣らず「自己否定」を評語にしました。第二にしかし彼等は文化の力を信じており、それが低かった十年前、すれてしまってそれが信じられなくなった十年後より、ある意味で健全であったかもしれません。新宿フォーク・ゲリラに集まった人々には、〃涙をこらえて口ずさむ〃ことはたぶん女々しいことではなく、むしろ歌で世界を変えられると信じていたとも思われます。

9　左右の過激派

しかし十年前との違いは、学生たちと一般国民――次第に「市民」と自称するようになった――との乖離が目立ってきたことです。共感や連帯の乏しさは、むしろあしき小市民主義において一般国民以上であった自称「ラジカル」の学生たちを、一般学生からも遊離するアナーキズムや独りよがりのヒロイズムに導きました。全員参加の自治会を「ポツダム民主主義」として否定した彼等の革命ごっこは、マスコミが「安田砦の攻防」などを中心に、あるいは憂慮する「良識派」の面持ちで、あるいは理解ある「シンパ」の肩入れ調で伝え、世間からの孤立と内部での分裂に寄与しました。勿論「全共闘」を中心とした「新左翼」を名乗った当事者本人たちが、第一の責めを負うべきでしょう。六八年のチェコ事件もあり、彼等の「反スターリニズム」には一分の理もなかったとは言えないかもしれません。しかし民主的な、「人間の顔をした」本来の社会主義をめざすどころか、六六年に中国で「文化大革命」の名で始まっていた毛沢東らの、民主主義も人権も蹂躙して野蛮な暴力による権力闘争を、彼等はむしろ取り入れました。こうして弱い「老人とこども」から〝やめてけれゲバゲバ〟と頼まれるようでは、体制側の好機です。

極左に対して極右は正反対のようですが、民主主義を否定し暴力を肯定する点では共通します。**三島由紀夫**と「東大全共闘」との対話では興味深い意気投合がみられました。三島は彼等をたきつけ、六九年秋の国際反戦デーで騒乱状態を作らせ、それを利用して彼の私兵と、「治安出動」した「自衛」隊とでクーデタを起こす計画でした。しかし学生運動のなかの多くのまっとうな人々の努力などで過激派の策動は狙いを遂げず、山本瞬勝ら「自衛」隊中の盟友も決起できませんでした。三島は諦められず、翌七〇年秋に市谷駐屯地でクーデタ決起を呼びかけ、失敗してハラキリ自殺という、ショッキングであったが一抹の滑稽感も与える最期となりました。

10　体制側の成功とその負債

これに対し体制側は、中曽根康弘が自認したように過激派を「泳がせる」政策をとることで実にうまく利用しました。第一に、これらのニセ左翼を共産主義や社会主義の姿と思わせることで、民衆を本来の革新勢力から引き離しました。第二に、彼等に合法的な革新勢力を「既成左翼」などとして攻撃させることで、反体制的な感情や運動に分断、対立と損害を与えました。第三に、これらの暴力集団を泳がせながら、彼等の蛮行を名目に大学の内外で、管理と支配の制度と思想を築いていきました。

こうして七〇年も過ぎると大学紛争もはっきりと退潮し、「革マル」「中核」などの小セクト間の陰惨な「内ゲバ」という末期症状に入り、ついにはセクト内でもリンチ殺人で自壊したり、無関係の民間人を巻き込んでのテロなどに暴発しました。七二年の**浅間山荘事件**はその総決算であり、テレビのぶっ続けの生中継は、体制側のすばらしい宣伝になりました。このとき私は小学六年で、休み時間では、七〇年冬の札幌五輪以来の、ブランコでスキー・ジャンプの笠谷になるこどもに加えて、ジャングルジムで「ムタさん救出ごっこ」をする者も現れました。そんな世代が六年後の七八年に大学入学すると、地方から出てくるときに「学生運動だけにはかかわらないように」と、もうほとんどないのに厳命されてきた者も多く、ことの意味をむしろはじめて覚知しました。「学生運動」一般が暴力的な非合法活動とくくられ、以後日本の学生は政治的には幼稚園児になってしまいました。

11　高度経済成長の終末

それでも、七〇年代前半には、まだ「革新」が右肩上がりでした。それは一つには、六〇年代の高度経済成長が、まさにその副作用を現していたことです。田子の浦ゆうち出でてみればヘドロ重なり、四大**公害病**を中心とした健康破壊が、環境と人間を蝕んでいました。Expo70'の評語にもかかわらず、人類の進歩にも調和にも疑いが強くもたれだしたのが、この時期です。

七二年の**田中角栄**首相の誕生は、高度経済成長の総決算となりました。たぶん多くの人に思い浮かぶのは、百万円の錦鯉たちが池で泳ぐ目白御殿の庭に下駄履きで立ち、さかんに自ら扇ぎながら「よっしゃよっしゃ」と指示する絵柄です。「コンピューターつきブルドーザー」と仇名された、そのアブラギッシュでエネルギッシュなすがたは、小学校卒の「今太閤」というストーリーと重なり、金や女にきれいでないことまで含めて、庶民の夢、むしろ欲望をかなえる指導者として、期待を集めました。また**日中国交回復**は、直前の米大統領ニクソン訪中への追随であり、またイデオロギーより実利で統治しようという吉田・池田・佐藤路線の流れに棹差すものでもありますが、党内にも強い「反中共・親台湾」の勢力もあったので、果断なリーダーシップと思われました。客観的にも、カンカンとランランが日本人を喜ばせただけでなく、吉田以下の政権が先送りした外交課題の実行として評価されますが、アジア太平洋戦争の反省をふまえた対中関係の構築は、むしろここではじめて踏み出したと位置づけるべきでしょう。他方で「日本列島改造」と銘打った国内政策は、公共事業による景気浮揚というケインズ政策によりもともとインフレに傾かせましたが、「刎頚の友」小佐野賢治などの資本家や田中自らのファミリー企業などによる強欲な土地投機なども加わって、「狂乱物価」を招きました。

七三年秋、ここに**石油危機**が襲いました。対米従属、それによる石油メジャー依存によるエネルギー政策と侵略主義イスラエルへの支持、それにより中東イスラム諸国の石油戦略の対象となったためです。またこの国難を「千載一遇の好機」としたゼネラル石油や、買占め売り惜しみなどの「悪徳商法」の伊藤忠や日商岩井など大手商社のためです。これらの企業は国会で叩かれ謝罪してパニックは収まったものの、「高い石油」の経済的打撃は大きく、七四年は戦後はじめてのマイナス成長となりました。省資源のため、銀座も夜のネオン・サインは消され、家にいてもテレビは十二時になると君が代が流れて「本日の放送は終了しました」という状態で、世の中は暗いムードになりました。

第五章　中間考察：戦後日本の転換期

私は戦後日本においてはじめの三十年はおおむね世の中がよくなっていく過程であったが、その後はおおむね悪くなったと考えます。毎年の評価を点数化するという暴挙を行ってみました。（本章のもとになった講演では資料としたその一覧は本章では省く。）昭和以降で最低を真珠港攻撃の一九四一年の一点とし、終戦の四五年は五点です。最高の十点は、もしＧＮＰや株価だけで決めれば七三年（あるいはバブル期の八〇年代末）かもしれませんが、私は七五年におき、前後の七四年、七六年がこれに次ぐ九点です。

1　経済成長の評価

戦後前期の三十年のよさで目立つのは経済面です。最初の十年で食、次の十年で衣、次の十年で住について、なんとかなりました。七〇年代半ばの日本国民は、大都市の居住環境はなお劣悪とはいえ、衣食住について人間の尊厳にもとる者はきわめて少なくなった、と言えるでしょう。そしてそれはいちおう評価すべきことであり、それを達成した七〇年代半ばこそ、それを反省する時期でした。石油危機（七三年）はそれを反省させるちょうどよい機会であり、日本国民はそれを反省し始めました。「もーれつからビューティフルへ」、「狭い日本、そんなに急いでどこへ行く」という言葉は、ただの気の利いたコピーとしてでなく、私達の魂を共鳴させる声でした。七四年、田中角栄首相は金権スキャンダルにより辞任し、「クリーン」を売りにした**三木武夫**に替わりました。党内基盤の弱い三木を支えたのは、もはや、汚くてもパワフルな「実力者」を崇めなくなった日本庶民の成熟です。

あまりに貧しいとき、まずはそれを抜け出すという意味での豊かさの追求を重視することは、頭から否定はできないでしょう。パンのみによるにあらずと説きまず神と神の義をと求めたイエスも、病人には治療を、貧者には施しを行っています。権力者に向かっては、ただ仁義あるのみと大上段に構える孟子も、民においては恒産なければ恒心なしとし、道徳を経済政策と結合しています。それゆえ戦後前期の経済成長を、その時代が「よい方向に進んでいた」ことの一つの指標とみることに対して、基本的には肯定させます。

しかし無論他の指標もあります。私がこの時期を肯定する他の理由は、**平和・人権・福祉**という理念がより定着する方向へと進んだからです。

ところで私は、経済は庶民においても消極的な推進力であるべきだと考えます。すなわち衣食住の基本水準が満たされれば、後はそこから後退しなければ十分であり、物財という意味で「より豊か」であろうとするのはもはや二の次、三の次、それ以下でよく、「ぜいたく」などを主な生活目標とするのは非難されてよい、ということです。

七〇年代半ばの日本国民はそれに気づきかけていました。そうなった要因をもう一度まとめてみます。①衣食住に明らかに貧しい段階はなんとか抜け出した。②他方で石油危機などにより経済成長は当然でなく、むしろ今後それは困難であろうと考えるようになった。③環境破壊など経済優先の否定的帰結が深刻になった。④また金権政治など経済優先の政治の弊害も強く意識されるようになった。

2　やさしさの時代

では、経済第一にかわって人々を導くべき第一の理念とは何なのでしょうか。一般的に、また陳腐な言葉で言えば「愛」でしょう。が当時の日本に即していえば、**やさしさ**となります。

七四年の最大のヒット曲は「襟裳岬」（吉田拓郎作曲）です。七八年に大学に入学した私は、数年上の先輩で社研で活躍していたある学生が、この歌がこんなに受けたのがさっぱりわからなかった、というのを聞き、数年とはいえ世代差を痛感しました。七〇年代半ばの国民は、体制派のモーレツ社員にも、反体制派のゲバ学生にも共感しませんでした。そうしたエネルギッシュな戦いでなく、旅の宿で疲れを癒されることを求めていました。寒い友達が訪ねてきたら、何もなくても温め合おうと求めていました。私は当時のニューミュージック（今日ではむしろ後期のフォークとも呼ばれるもの）について、転向文学であると性格づけています。確かにそれは一歩後退でしたが、さらに進むための拠点をみいだした、と考えます。すなわち物欲や感覚的快楽を追求してでも、あるいは社会的な革命を旗印にしてでも、愛ややさしさがなければ虚しく倒錯したものだ、ということです。同棲時代と同時に「結婚しようよ」がはやったのは一見すると矛盾です。しかしこの七〇年代前期が、日本史上初めて、恋愛結婚が見合い結婚を上回った時期であることをふまえれば、矛盾なく説明できる現象です。吉田拓郎はメジャーなレーベルから曲を出すようになったとき、フォークに思い入れるラディカルな面々には裏切り者呼ばわりもされました。彼等は今度は「ついに森進一かよ」と心中でつっこんだかもしれません。しかし私達は民族の本道に立ち戻ったのです。

3　進歩の原因

私は、七〇年代半ばが戦後日本で最良の時期であったこと、そこまでの三十年がおおまかによくなっていった過程であると主張しました。このことに皆さんが同意するかどうかはぜひ聞きたいことです（ちなみにこの時期に「寅さん」シリーズを作った山田洋次映画監督も私と似た感想を述べています）。しかし次に、この私の主張を前提とするなら、戦後の最初の三十年をよくした原因は何か、が問われるべきでしょう。私はここでもあえて単純化して三つの要因を挙げることにしましょう。証明された結論としてでなく、みなさんに論議してもらういわゆる叩き台的命題として出すためです。①新憲法をはじめ法・政治制度の民主化。ここで憲法以外の法として重視したいのは教育基本法や労働三法などです。これらは、平和・人権・福祉の法的支えであるとともに、生存権、労働権などの権利、社会福祉への政府の責務の規定は、国民が経済的に豊かになる――その最大の原因は言うまでもなく国民自身の勤労ですが――条件となりました。②労働運動の発展。これは直接には農地改革が農民の経済状況を変えたように、労働者の経済状況をよくしました。しかし倫理面への影響も忘れるべきではありません。戦前の日本で「偉い人」というのは、戦争で多くの人間を殺した者や、役所で多くの人に上から命令している者でした。しかし戦後の三十年においては、「偉い人」というのは、一生懸命に働いている者のことだ、というまっとうな価値観がそこそこ生きていました。一九八〇年代以降はまたそれが失墜してしまうのですが。③革新自治体。新憲法など民主的法制は、それ自体は紙切れの上の文字だけでもあり得ます。そして日本政府はこの三十年もそれらのサボタージュや改悪に努めてきましたが、「憲法を暮らしの中に生かす」実績を上げてきたのが、京都府の**蜷川虎三**、東京都の**美濃部亮吉**、大阪府の黒田亮一などを中心とする、いわゆる革新自治体です。反対派からは常に「役所に赤旗が立つ」といったイデオロギー攻撃を受けましたが、実際は教育や福祉での身近な施策、あるいは公害対策という新しい課題に対応して、広範な住民に評価される仕事をしたので、批判した政府も十年後にはとりいれていく、と言われたものです。

　こうしてみると次のことに気づきます。「革新」と称される陣営――政党であれ労組であれ他の団体や個人であれ――について、私はアプリオリに善とする立場ではなく、アポステリオリにも彼等の主張や行動がすべてよかったと評価するわけでも無論ありません。しかし戦後三十年が「よくなる」時期であることといわゆる革新勢力の伸張とは強い結びつきがあった、ということです。その後の三十年余の日本が「悪くなった」ことと、革新の退潮、保守化あるいは反動化とは、強い結びつきがあるであろう、ということです。

4　後退の原因

さて、次の問題は、七〇年代後半以降の日本はなぜ悪くなったのかです。

私は、神仏や宿命、あるいは世界精神が歴史を決めるとは考えず、人間たちが自らの歴史をつくっていると考えます。そこで人間世界を悪くするのは人間自身であることになりますが、これには、結果的に悪くするのと意図的に悪くするのと二つあります。悪くするのを意図するとは妙なようですが、私の観点からは悪いとされる事柄をよしとして意図する行為のことです。戦後後期の日本が悪くなったのは主としてこの後者、すなわち意図的な悪化であったと考えます。

では誰の意図か。無論これに一人ないし数人の名を挙げて答とするのは困難です。挙げるとしても「代表者」としてであって、私は英雄たちが歴史をつくる、とは思いません。「カリスマ」の役割を重視するヴェーバーでさえ、それを生みだしたり支えたりする「社会層」と常に関連させていることはさすがにリアルな把握であり、ヘーゲルの「世界史的個人」よりも妥当性がより強いと思われます。そこで私の考えを述べれば、戦後日本を悪くしたのは、同類項として外からくくられる・あるいは共同謀議をたくらんだ・幾人かの人々ではなく、社会層としての支配層です。戦後日本の支配層は、はじめから日本を悪くしようと動いてきましたが、はじめの三十年はその意図はあるいはまったくあるいは意図ほどには実現しなかったのが、後の三十余年はかなり実現してきた、ということです。繰り返しますが「悪くしよう」というのは私の観点からの表現です。客観的な言い方をすれば彼等の意図は、自分たちの支配を守ろう、強めよう、ということであり、対外的宣伝文句（少しは彼等自身そう思い込んでいたかもしれませんが）としては、戦後改革の行き過ぎを正そう、とか、日本を「ふつうの国」にあるいは国際貢献できる国にしよう、とか、一番を取り戻そう、とかいうことです。

さて私が一つの社会層をいわば悪玉視するなら、他に善玉視する社会層があるのか、と聞かれるかもしれません。私はさきに戦後日本を「よくした」ことに強く結びつくとして革新勢力を挙げましたが、そのすべてを評価するわけではないと断りました。政党や労組だけでなく、「労働者階級」や「庶民」の意識や行動についても、それが彼等の意識であり行動であるということを理由にして、私は価値づけるものではありません。この意味で私の歴史観は、日本史や世界史に一貫する実体的集団としての「善玉」の存在を含意するものではありません。（無論特定の時期や時点において「よい行為」の担い手となった個人や集団はあり得ます。）それを断った上で本題に戻れば、私は、戦後日本の支配層は基本的に「悪玉」であると考えるものです。

5　支配層の戦略

では、七〇年代後半、「悪玉」たちはどのように巻き返し戦略を立てたでしょうか。第一は、「自由社会を守れ」キャンペーンに示されます。すなわち六〇年以降彼等は「寛容と忍耐」の「低姿勢」で、経済的な利益誘導によって同意調達を図ってきたのですが、十五年ぶりにイデオロギー攻勢に出ました。私が戦後日本の支配層を悪玉視する大きな理由の一つは、そもそもそれが戦前日本の支配層と連続しているからですが、ここで彼等は実際治安維持法や特高警察の立ち位置に戻った反対派攻撃を行いました。イカレた判事補鬼頭史郎のことはあきれてすますにしても、もとやくざで当時予算委員長の自民党代議士浜田幸一や、企業内ファシズムを推進していた民社党の委員長春日一幸のこのときの「活躍」は忘れてはなりません。四十年前を髣髴させる彼等のデマ宣伝に、当時の日本国民は直接にはほとんど動かされませんでしたが、後に述べる国際情勢の変化とのからみでは、一定の影響を受けたものと思われます。

第二は、一方で「はしゃぎすぎ」として力ずくで「三木おろし」をするとともに、他方で**新自由クラブ**をつくる目くらまし策です。特に後者は、支配層の分身の術とも言うべきもので、このとき以後大成功します。すなわち自らが悪玉であることをさとられたときには、第二の自分を善玉に仕立てて実際には延命をとげる策です。ロッキードのときの新自由クラブ（河野洋平）の後では、佐川スキャンダルのときの日本新党や新党さきがけ、森喜朗で終わりそうになったときは「自民党をぶっつぶす」小泉純一郎、その小泉路線を継いだ「みんなの党」などなどです。

6　国際情勢の転換

さて、私が七五年を転換点としたのは、国際情勢からでもです。この年四月のサイゴン解放による**ヴェトナム戦争の勝利**は、私に「正義は勝つ」という信念を与えたものでしたが、ここで潮目は変わります。それまでの特権層だけでなく、不安を煽られた一般国民までが脱出を図って「ボートピープル」化したことは、統一ヴェトナムのイメージを悪化させました。中国では毛沢東・周恩来の二巨頭が死に、その後民衆不在で奇怪な政権移動があり、それもおさまると今度は「文革」の十年間がとんでもない蛮行の連続であったことが次々と暴露されました。毛沢東の思想と四人組の人脈につながるポルポト派は、七五年以後、カンボジア内で自国民の大量虐殺を行いました。ヘン・サムリンを中心とする救国戦線が立ち上がり、ヴェトナムに支援を求めましたが、中国政府は七九年、これをヴェトナムによるカンボジア侵略と呼びこれへの「懲罰」と自称してヴェトナムを侵略し、中国自身が覇権主義を実行しました。ソ連は、七十年代前半に人権問題でたたかれ六〇年代の勢いを既に失っていましたが、七十年代後半にはブレジネフ政権の停滞と硬直も深刻になっていきました。七九年の**アフガン侵攻**は、同年の**中国のヴェトナム侵攻**と合わせて、中ソが「平和勢力」であるという看板だけでなく、「社会主義」の威信を崩壊させるものでした。この「社会主義」が実はカッコつきのもので真のものでないことは既にわかっている人にはわかっていた（私は遅くても七四年には理解していた）ものですが、今日でも多くの人には納得されていないでしょうし、いま私が数時間かけて「ソ連・中国はあまり社会主義でない」ことを説明（ソ連についてはさしあたり拙著『入門政治学』第二部第三章「ソ連論」、東信堂、二〇一〇、参照）しても、半信半疑のままの人が少なくないでしょう。ともあれこうした事態により、七八年からの英サッチャー政権、八〇年からの米レーガン政権は正当化されました。すなわち中ソの脅威に対抗すべく軍拡を行うことや、国内的には市場主義に舵を切ることが受け入れられました。八〇年はモスクワ・オリンピックでしたが、国内的に米に追随して日本も不参加となりました。これについて、サッチャー政権下ながら政治とスポーツは別として参加したイギリスのスポーツ人の気骨に感心し、柔道の山下が泣いて参加を訴えたのには同情しても、不参加は仕方がないというのが大方の受けとめでした。

7　実らなかった反省

こうした主に国際要因によるイデオロギー的変化とともに、国内的には、七三年・七九年の二度の石油危機を乗り切ったことが、八〇年代の保守化の土台となったでしょう。集団主義が危機管理には有効であったこと、「軽薄短小化」はむしろ日本のお家芸であったことなども重なり、低成長は続いたものの、米欧との比較優位が生まれ、七九年にはハーバードの教授に「ジャパン・アズ・ナンバーワン」ともちあげられるほどになりました。熱しやすく冷めやすいのも日本人の特徴の、マイナス面の一つです。七〇年代の日本は、六〇年代の経済第一主義を反省し始めたと私は書きましたが、大正時代に漱石が言ったように、咀嚼する間もなく、八〇年代のニューモードに移っていきました。それは経済主義という点では六〇年代への揺れ戻しでしたが、六〇年代に「進歩」があったのに対して、今度は単なる保守化でした。

戦後後期の日本を悪くした三大要因として私は、八〇年代の**行政改革**、九〇年代の**政治改革**、ゼロ年代の**構造改革**を挙げます。

第六章　バブルの時代

七〇年代の峠を越え、戦後日本は悪くなっていきました。その要因の一つは、八〇年代の行政改革です。

1　中曽根首相の行政改革

中曽根康弘政権（一九八二―八七）は、イギリスのサッチャー、アメリカのレーガンにつながる**新自由主義**として、それまでの官民一体路線から「民力活用」に転じようとしました。電電公社、専売公社、さらには国鉄を私有化したのは、その端的な表れです。同じ新自由主義から郵政を私有化した後の小泉政権とは、細部に渡るまで多くの類比点を持ち教訓的です。小泉時代の「構造改革」では堀江貴文らヒルズ族の出現とその転落というドラマがいまでは印象的ですが、「米百俵」と「痛みに耐える」といういささか古風な精神主義的標語から始まりました。中曽根時代の**行政改革**も地上げバブルの悲喜劇を経て江副浩正のリクルート・スキャンダルに終幕しますが、始まりは

「目刺しの土光」という精神主義で、いまさら花登こばこの商人劇か、とつっこみたくなりましたが、実際にはちょうどはやった「おしん」が悪用されました。思うにわが大和民族は、経済的政治的成功を全肯定して得意がる英米人と比べ、建前だけでも清貧からでないと始めにくいのでしょうか。

2　新自由主義とブランド・ブーム

一九八一年の**田中康夫**『なんとなく、クリスタル』では、伝統的演歌だけでなく七〇年代のニューミュージック、ユーミンの言う「四畳半フォーク」からの離別が、貧乏臭いものへの嫌悪というかたちで明確に表されています。しかし六〇年代の素朴な物質主義と違うのは、これが「型録《かたろぐ》小説」と呼ばれたように、ブランド志向であることです。ヴォルテール的、福沢諭吉的、つまり近代的な物欲主義ではなく、他者との差異に価値を持つポストモダニズムであり、格差と競争を活性化をもたらす「インセンティヴ」として肯定、評価する新自由主義の支えです。それゆえ高度経済成長期には、格差が縮小し「総中流化」に向かったのに対し、八〇年代のバブル景気は格差社会への第一歩でした。八四年の流行語は、『金魂巻』由来の「マルキン、マルビ」です。いまの若者などは偏ったイメージを持つこともあるようですが、バブル期といっても無論みんながグルメ・レストランに行きドンペリをあけていたわけではありません。中曽根政権期は、私自身は、大学院の五年間（修士課程二年、博士課程三年）にちょうどあたり、最も貧しかった時期です。乏しい収入の一部を割いて夏休みはアテネ・フランセの午前の授業に出、明大の学食で安い昼飯をとり（リバティ・タワーはまだない）、空調のない下宿ではたまらないのでアテネ・フランセのロビーに戻ってそこで修士論文の清書をした（ワープロはまだない）ことなどを思い出します。そこに来ていたＯＬには、フランスの文芸や思想などにはまるきり無知でも、パリのどの通りにどのブランド・ショップがあるかを知っている者もいました。当時何かの奨学生でなければマルビの学生が留学するのは無理であり、私がはじめて海外に出たのは九〇年の夏、個人的には大学の非常勤講師で外国語を教えるようになってからです。まだ航空費は高くてメジャー会社は手が出ず、バンコク乗り換えの南回りでそれでも十八万円余りしました。

３　バブルへ

高度経済成長期はその物質主義において古い世代の眉をひそませたでしょうが、まだ「がんがん働いてがっぽり稼ぐ」という点で健全な面もありました。それがバブル期となると、「うまいことやってがっぽり稼ぐ」に頽落しました。電電公社の私有化は日本庶民には縁遠かった株ブームを起こしました。八七年二月、ＮＴＴは一株一六〇万円で一般公開されました。今では高く見えますが需要は多く、ただちに上がって翌月には三〇一万円になりました。一株かって一月後に売っただけで一四一万円儲けたことになります。十株なら十倍、百株なら百倍です。しかし逆にこの三月に買った人が更なる上昇をむなしく待った後、九二年四月にやむなく売ると、一株五九万円ですから一株当り二四二万円の損失です。株の恐ろしさがよくわかると思います。

株は、そのころ塾のバイト仲間の学生にもしていた者がいましたが、少し資産のあるものは土地にも手を出しました。土地ころがしは不動産業者、銀行、保険会社に暴力団までかかわり、放火を含む地上げ行為が横行するようになりました。小金を持った知名人でも本業そこのけに入れ込み、ある野球選手は投げる不動産屋、ある演歌歌手は歌う不動産屋と言われました。数年後には投げる借金王、歌う借金王という改名が待っていましたが。当時の日本全体の地価でアメリカ全体が三ないし四つ買える額であり、面積比を考えると日本の地価がアメリカの百倍近くですから、どう考えても実質価値以上の高価格、すなわち**バブル**でした。しかし当時専門家を名乗る人の中にさえ、土地は下がらないとか、資本主義はすでに恐慌を克服したとかの神話を語る者もいたことを覚えておきましょう。

4　バブルの要因

バブルを決定づけたのは、八五年の**プラザ合意**です。これはレーガノミックスによって（財政と貿易の）双子の赤字に苦しむアメリカの仕掛けでした。アメリカが貿易で赤字と言うことは対米黒字の国があるわけで、その筆頭が日本でした。レーガンの僕中曽根は「内需拡大」を命じられ、国民向けに銀座で輸入品を買うパフォーマンスをしました。彼が買ったのはフランス製だったというオチは別にして日米の状況の様変わりが注意されます。一世代前の日本庶民の夢は、デラックスなアメ車に乗るような金持ちになることで、それは見るだけの夢としても、せめて一度は分厚いステーキを腹いっぱい食ってみたいと思っていました。それが八〇年代ではアメリカ人が無駄にでかい自国車よりも燃費のいい日本車を買い、ヘルシーな日本食を好んですしバーに入りスーパーで豆腐を買うわけですから、貿易摩擦がたやすく解決するはずはありません。しかしアメリカは日本のルールが悪いと圧力をかけました。たとえば大規模店舗規正法の廃止により、トイザらスなどが進出しただけでなく、国内でもダイエーなどが小さな店をつぶしていき、シャッター通りがあらわれ地域共同体が崩壊していきます。

プラザ合意でアメリカは、日欧に尻拭いさせるべく、なりふりかまわぬ為替介入を行わせてドル安にしました。七三年に変動相場制に移ったとき、一ドルは三〇八円でした。プラザ合意の前は二四〇円、一年後には一五〇円です。それまでの十二年間で六八円上がったのに対し、一年で九〇円上がったわけですから、どれだけ急激な円高であったかがわかります。アメリカはまた経常収支の赤字を資本収支で補うべく、日本に低金利も求めました。教科書通りなら低金利は設備投資の増加などを導くはずですが、円高不況の日本では投資先がなく、投機のマネーゲームとして株、土地、会員権、美術品などに流れました。

5　品格なき時代へ

近年「〇〇の品格」が流行ですが、これは我が国に品格がなくなったからであり、それを決定付けたのがバブル期です。

おとな社会がそうなら若者もそうなります。ボディコン姿でお立ち台で踊り、アッシー君に送迎させメッシー君におごらせるＯＬだけではありません。深夜番組「オールナイト・フジ」では品格なき女子大生たちがタレント扱いされ、「夕やけにゃんにゃん」では女子高生に広がりました。♪「セーラー服を、脱がさないで」と彼女たちは歌い、象徴的な意味でも文字通りの意味でも、セーラー服を買うだけでなく売るほうにもまわる女子高生が、以後現われます。

八十年代に入りニュー・ミュージックが終わりＪポップに変わったこと、獅子身中の虫としてこの転換を促したのが松任谷由美であり、新時代を確立したのが桑田圭祐でした。八十年代最大の人気歌手は**松田聖子**です。特に天才松本隆と組んでからは健全アイドルで、七〇年代の山口百恵が阿木燿子などの歌詞でアブナく強い少女を唄ったのに対し、時代の保守化の表れとかたづけてしまいたくなるかもしれません。しかし百恵が実人生では寿退職して良妻賢母を務めるモダニズムに対し、「ブリッ子」聖子は、欲しいものは何でもゲットする、道徳なき欲望機械のポストモダンぶりを示し、同性からの支持を失わずに出続けていることが注目されます。男性アイドルでも、たのきんから少年隊、ヒカルゲンジへと次第にポストモダン化したように思われます。

しかし八〇年代の民衆娯楽でより重要なのは、七〇年代前半のドリフ、後半の欽ちゃんに変わる、タモリとたけしの覇権です。武田鉄矢は遅れて来たモダニストとして、七九年の金八先生は、熱血学園ものを八〇年代につなぎ、彼自身の海援隊によってリスペクトする偉人を自ら生きようとします。同じ福岡出身ながら典型的ポストモダン芸人の**タモリ**は、説教くささを徹底して嫌い、模倣はリスペクトと無関係ですからイグアナから始まりパロディ化します。彼の「ネクラ」攻撃は、ルサンチマン克服と「愉しい知識」を説くニューアカデミズムの大衆版であり、はじめ少しはかもしだしていたうさんくささも、毒のないマニアックなオタク性に収斂されていきました。**たけし**（はじめ「ビートたけし」、現「北野武」）はさらに反動的であり、自ら「毒ガス」と称していたように、私が戦後日本の理念とした平和、人権、福祉にまっこうから襲いかかりました。ツービート時代も軍団の「殿」としても、徹底的に暴力的でサディスティックな弱い者いじめを見世物にしており、評論や映画においても一貫しています。老人やブス、あるいは貧乏人やバカを笑おうとするのは、格差社会の特徴でしょう。彼の「赤信号、みんなで渡ればこわくない」を気に入ったインテリたちは、「日本的集団主義への風刺」をみたかったのでしょう。しかしこの句は実際には、風刺としては、共同体破壊を進める新自由主義に利用されることになり、他方で数の力によるバッシングでは学校でも政治でも日本からなくなってはいません。

6　初期新自由主義の限界

しかし、八〇年代の日本国民は、支配層による反転攻勢をすべて素直に受け入れたり歓迎したりしたわけではありません。中曽根が政権当初に海軍出身者らしく「日本列島を不沈空母にする」と発言しても、反発の声がまさりました。フォークランド戦争の英、スターウォーズ計画の米に比べて、日本国民の平和志向は底堅さを示しました。サッチャー、レーガン同様金持ち優遇税制に変えたい中曽根は、所得税の最高税率と法人税とを引き下げました。しかしそれと一対の**消費税**の導入には大きな抵抗を受け、プラザ会議に蔵相として出席した**竹下登**が次の首相としてようやく制定しました。しかしこれは不評で、孫のDAIGOはお前のじいさんのせいだと小学校でバッシングされました。この竹下政権下の八九年一月、昭和は終焉します。すべてのテレビ局が延々と追悼番組を流すなかで、レンタル・ビデオ店が繁盛しました。家庭用ビデオ・デッキの普及を示すとともに、自分の快楽追求に正直という「品位低下」が、単に復古的なイデオロギーにとっても障害になっていることがうかがわれます。

第七章　平成不況と格差景気の時代

九〇年代は経済的にはバブル崩壊と平成不況の時代です。八〇年代の「行政改革」と並び、九〇年代の「政治改革」は、ゼロ年代の「構造改革」とともに、戦後日本を悪くした要因です。

1　バブル崩壊

株は一九八九年末に四万円まぢかで史上最高値になった後、土地も九一年以降下落に転じました。バブル崩壊の本質的な理由は、まさにそれがバブルであったためですが、その後の不況が深刻化したのにはいくつかの要因があり、バブル景気の構造的欠陥のつけが回ってきました。株価の下落で損した者が当然どっと出ましたが、そのなかには「損失補てん」を受けた者もいました。自由主義の教科書なら自己責任で終わるはずですが、そうならなかった一つの要因は、当時の証券会社にはこれは「絶対損しない」というような不当な売り方もあり、それは業界相互の、またその最大手が「ノルマ証券」と言われたような社中の、熾烈な競争のなかで、生まれたものでした。

バブル期の「トレンディ・ドラマ」では、旅行代理店あたりに勤める若い男女が、ウォーターフロントのマンションに住み、トレンディ・スポットや、時にはオーストラリアやアメリカで遊びまくりました。脚本家野島伸司も、九一年にはまだバブルの余熱を感じさせる「百一回目のプロポーズ」をつくっていました。しかし九二年の「愛という名の下に」は、バブル崩壊後のドラマと言われたものの一つです。中野秀雄演ずる証券マンは、上司からみんなの前で怒鳴られ罵られ、客から預かった金の自己責任での運用に追い込まれて失敗し、（安らぎを求められるかと思ったフィリピン・パブの女にも利用され逃げられ、）自殺を遂げるのがリアルと評判されました。九三年の「高校教師」は、当時から評判となり論じ尽くされているようですが、私はまだ彼の天才ぶりがよく理解されているとは思いません。一箇所だけとりあげます。まさに冒頭、真田広之が朝の満員電車で読書していますが、その本は『利己的遺伝子』です。八九年、ベルリンの壁が壊され、東欧諸国の旧政権が次々と倒れ、九一年にはソ連も崩壊してエリツィンはアメリカ型の資本主義をめざしました。中国も鄧小平の復活以後、政治体制の民主化は阻みつつも着々と市場経済化を進めました。九〇年代初めは、F・フクシマが「歴史の終わり」を言ったように、新自由主義の世界的勝利が信じられ、その思想的支えのひとつである弱肉強食原理を、最新の科学で裏付けた（提唱者ドーキンスの意図とは必ずしも一致しないが）として利用されたのが「利己的遺伝子」説でした。「『愛』は進化にとっては不必要な仮説」といった会話がなされている学界で、真田は指導教授や同僚、さらには婚約者から裏切られていきますが、この臨時高校教師の専門が生物学に設定されていることは偶然ではなく、野島伸司は、ある人々が祝福したこの新自由主義の非人間性を追究しています。わが国で市場主義的弱肉強食状況がはじめて生まれたのは元禄期でした。その中で追い詰められていった男女を描いた近松門左衛門と同様に、「高校教師」も、美しくて悲しい男女の道行によって終わります。別の脚本家ですが、九四年の「夢見る頃を過ぎても」では、就職氷河期に苦しむ姉（葉月里緒菜）を見た女子高生の妹が、受験につながる現在の勉強や将来の「夢」一般をなくしていきます。

2　バブル金融とその遺産

株暴落などでつぶれる企業が出れば、そこに融資した銀行は元利とも回収できなくなります。そのために担保があると言われても、その土地も暴落して売れても損失を埋められません。だがそれは担保の評価がそもそも甘かったためで、それは単純ミスではなく、証券会社がとにかく株を売ろうとしたように、銀行はとにかく借り手を見つけようと競争したためであり、また不動産や証券の関係だけでなく、保険会社や、時には汚い仕事をやらせるための暴力団ともつながって融資を行ったという構造的問題が根っこにありました。私の知人で世田谷に土地と家とを持っていた者で、地価高騰で相続のとき手放さざるを得ないおそれがでました。ある支店長の勧めにより、儲けたいという気ではまったくなく、これを担保に銀行から借金して保険に入ることで、相続税（負債があれば相殺した額が対象となる）対策としました。それは変額保険であり、運用による利率は銀行に入れるべき利率をかなり上回る、というのが支店長の口頭による説明でした。結果、バブルがはじけて保険では借金を返せず、不動産は競売にかけられました。退職者であった夫はショックもあってなくなり、未亡人は自ら病気をかかえつつ、自己責任と言う銀行とも闘うべく、東京地裁に何年も通いました。銀行のほうでは、公的資金と超低金利と貸し渋りで、つまり納税者と預金者と健全な企業、すなわち一般国民の負担で生き残りを図りました。

だがそもそも、やくざがらみの地上げ屋に融資したり、インチキな説明をしている証券屋や保険屋とグルになっていた銀行に責任があったのではないか。またそれをチェックするのが仕事のはずの大蔵省は何をしていたのか。確かに定期的に検査に行ってはいたのですが、そこで「ＭＯＦ担」の接待を受けていたのです。ある官僚はリベートで買った競走馬にキャバレーの女の名をつけ、ある官僚は「ノーパンしゃぶしゃぶ」の店でゴチになっていました。不況対策で先頭に立つべき大蔵省や銀行の幹部が、次々にお縄つきになったり辞任したりの有様で、迅速な回復など望めるはずがありません。かつては大蔵官僚と言えばエリート中のエリートで、我が国は政治家はアホでも官僚の優秀さで立っていると言われました。また民間では銀行員が能力も人格も信頼でき、銀行勤めは男も女も縁談では親の一番人気となりました。その大蔵省や都市銀行のエリートたちのこの下品さを見せられた国民はのけぞってしまい、もう何でもありだと感じたでしょう。これはバブル崩壊期の一エピソードというより、日本の品格の喪失、国民の道義的劣化にとって、かなり大きな出来事でした。

3　政治改革

さて、九〇年代は政治改革の時期です。これについては拙著『入門政治学』(東信堂、二〇一〇)で詳しめに述べましたので、ここではできるだけ細部にははいらないことにします。

①非自民政権を多くの日本国民は期待し、少なくない人々が積極的にかかわり、その成立は大きな歓迎を受けました。しかし私ははじめからこれに期待するどころか恐れており、その成立は日本の政治がよくなることを少なくとも二十年は阻むであろうと思っていました。いまそれは当たっていたと考えています。多くの人々がひっかかったのは支配層の分身の術のためですが、このころから財界などが二大保守政党体制を志向しだしたことが留意されます。

②細川・羽田の「非自民・反共産」政権は、鳩山・菅の政権と似ており、その意味で歴史的な教訓も与えます。(そうなるであろうと予想して私は『入門政治学』で重視しました)。最大の黒幕がともに小沢一郎であることはおいておきましょう。「政治改革」の名で行われた最大のものは小選挙区中心への変更でした。これで選挙が金のかからぬクリーンなものになるといった宣伝の大嘘ぶりは今日明らかで、結果したのは少数政党いじめでした。のちの民主党も、財政再建のため自らが身を削るという名目で、比例区選出議員を削減してさらに小選挙区を重くしようとマニフェストしましたが、これは大政翼賛会化への企てです。またかつての非自民政権は米輸入を断行しましたが、このときの民主党もアメリカやオーストラリアとのＦＴＡやＥＰＡの締結を掲げました。そうなれば個別補償等をしても追いつかず、日本の農林水産業の衰退と自給率の低下は歯止めなしになるでしょ

う。アメリカの力に屈して沖縄の負担軽減に背を向けたことや、消費税増税などでも同じスタンスです。

③村山富市政権による連立組み換えは、より小さな悪への軌道修正でしたが、多くの国民はよく理解せず、はじめから不評でした。それもあって村山内閣自体力不足で、阪神淡路大震災やオウム真理教問題に適切に対処できず、フェイドダウンで倒れ、次の**橋下龍太郎**内閣の途中からは自民単独政権の復活を許します。

④それでもこの時期の政治変動を通じて、積極的成果がまったくなかったわけではありません。特に「村山談話」などアジア外交での前進は歴史的意味を持つものですが、それがタカ派ないし靖国派を刺激して、世紀末以後の猛烈な反動攻勢の伏線ともなりました。

4　世紀末

九六年には平成不況もようやく終わりそうな兆しをみせ、高い支持率と選挙勝利に過信した橋本首相は、単独政権に戻って失敗を重ねます。汚職者の大臣起用や諫早湾の締め切りで、政治改革や環境保護は後退させ、消費税や医療費などのアップで消費マインドを冷え込ませ、金融ビックバンの推進中に**世界通貨危機**に襲われ、拓銀・山一がつぶれ、戦後二度目のマイナス成長になりました。

こうして替わった**小渕恵三**首相が一人寒いギャグでパフォーマンスをするなか、愚かな日本国民はノストラダムスの予言を、少し賢い日本国民はコンピューターの二千年問題を心配しつつ、一九九九年を送りました。

バブルが終わる九一年は、「愛は勝つ」「それが大事」と新興宗教のようなポジティヴソングがはやりましたが、その後の歌謡界は七〇年代のように内面性を持った名曲が続いた豊作期と思われます。男ではスピッツ、女ではZARDやELTが、ニューミュージックのセンスも継いだJポップで、不況期の人々を慰め励ましました。しかしこの時期の特筆事項は、小室哲哉の活躍です。GLOBE、安室奈美恵、華原朋美、その他その他に提供した楽曲で、その天才が時代と見事に共振したのを、日本国民は体験しました。

小渕恵三は自分の「実力」が高くないことを自覚する賢さがありました。難しい仕事は「影の総理」野中広務官房長官に任せて自由党・公明党を引っ張り込み、また在野では正義の弁護士中坊公平を不良債権処理に当たらせ、人気者小室哲哉に沖縄サミットをプロデュースさせるなどで、保守の勢力を回復させていきました。しかし壊し屋の小沢一郎が離脱し、そのあと小渕の政治生命と生命そのものが終わりました。「五人組」が密室で立てた次の首相**森喜朗**が、力を発揮するどころか失言失態を重ね、大きな政治危機が生じました。

5　小泉純一郎の構造改革

私がまず述べなければならないのは、なぜ**小泉純一郎首相**を、当時あれだけの国民が支持したかです。その理由の一つはまずこの成立事情です。①談合でなく総裁選によることは当然としても、小泉はそれをうまく利用しました。党内で弱いためやむをえない戦略でもあるのですが、彼は街頭で、ほとんどが党員でない聴衆、あるいはむしろテレビに向かって語りあるいはむしろ叫び、「派閥力学」でなく「大衆的人気」に依拠しました。②森にあきれていた大衆の空気を読んで改革をアジり、「変人」と言うレッテルも逆にプラスに印象付けました。③メディア利用と改革姿勢、スタイリッシュなところも細川首相と重なりますが、「殿様」細川と比べて言葉遣いや好みもより大衆的なところに新鮮なエネルギーを感じさせました。④彼の言う「構造改革」の中身がほとんど理解されず、改革という言葉のムードだけで支持を集められました。当時小泉に好意的な一般国民の何人かに、「構造改革って具体的にはどういうことだと思っている」ときいたところ、「日本をよくする」といった抽象論以上に答えられた者はいませんでした。（はじめ小泉は郵政問題はほとんど口にしておらず、その時点での「模範解答」は、a不良債権の直接処理、b特殊法人の統廃合、とでもなりましょう。）⑤彼の言う「構造改革」の内容が誤解されたことも利点となりました。

小泉や竹中平蔵らは「努力が報われる社会を」と訴えました。一昔前なら、総評あたりのスローガンでしょう。「構造改革」もかつては社会党右派の標語であったことと合わせて、長生きはしたくないものだ、と思わされました。英語が不得意のため、クリントン大統領に会ったとき、How are you？と言うつもりでWho are you？と言ったというジョークが実話と思われてしまった森首相は、ＩＴ革命の話で〝ｉｔ〟ってなんだ、と尋ねた話もあり（真相不明）ますが、そのあたりから急成長してきたのがＩＴ関連産業です。構造改革は、既成勢力は情け無用でどんどんつぶしていく一方で、こうした新興勢力を含む勝ち組にいくらでも儲けさせるために、規制を撤廃するものでした。その流れに乗って出てきたのが堀江貴文であり、小泉らは自分達の路線のよさの証明として持ち上げました。若くして成功した実業家ながら、外見は切れ者というより漫画のドラえもんに似た愛嬌があり、ノーネクタイで政財界の長老連に対峙し、球団やテレビ局の買収などにもアグレッシヴな姿に、閉塞感を抱いていた若者はヒーローをみました。小泉の「郵政選挙」は、反対派にいろいろな刺客を送ったことで話題をつくりましたが、気骨ある保守派として小泉「改革」に抵抗した亀井静香に対して差し向けられたのが堀江でした。「偉大なるイエスマン」武部幹事長が支援に入り、「堀江君はわが息子だ」ともちあげ、実の孫に「ホリエモンはおじいちゃんのこどもなの？」ときかれるほどだったエピソードは、忘れずにおきましょう。かつてはまじめに働いていれば定年まで勤められ、定年後も飢えることはなく、大学進学すれば日本育英会が無利子の奨学金を貸与し、住宅公団と住宅金融公庫のおかげで住まいを得ることもできました。官僚の天下りのためにつくられたような特殊法人があった（いまもある）ことは事実ですが、このような庶民の味方もつぶして銀行、証券会社、保険会社にてこ入れしました。（CMでも保険、特に外資系のものが急増していることにお気づきでしょう。）そして「雇用をフレキシブルにする」ように規制緩和してどんどん首切りを進め正社員を減らし、いまや被雇用者の約四割、若者だけなら半分以上が非正規になりました。これで結婚しろとかこどもを産めとか言っても無理な話です。構造改革によって平成不況を脱出し「イザナギ超え」の長期好況が生まれた、と言われもします。私は高校生に経済の初歩を教えるなかで、好況・不況の定義を示した後、「今の日本はどちらか」を尋ねますが、この期間生徒の答えは一貫してほぼ半々でした。私は、定義からすれば「好況」が正解だが、いまは「実感なき好況」と言われており、約半数が「不況」を選んだのは理解不足というより実態をよく示している、とフォローしました。第一に成長率で前の好況期と比べると、高度経済成長期が約一〇%、バブル期が四・五%に対し、当時は二・三%のプラスに過ぎません。第二に成長率はＧＤＰ、すなわち国内総生産の比較値ですが、今回は格差景気であり、株の売却益や役員報酬などは（税制を含めた「改革」で）かなり上昇したものの、給与所得はよくて横ばいであり、つまり庶民がまわりをみれば上がった人より落ちた人のほうが多いからです。これがこの「好景気」の実態であり、職とともに住みかも失い、ネットカフェ難民や個室ビデオ難民も生まれました。生活保護の受給者も百万人、人口の一%を超え、自己責任論で申請できなかったり申請を受理されなかったりする者もかなりいます。私の若いときは、今の日本は相当貧しくなっても文字通り食えなくなることはない、とみんな了解していましたが、二十一世紀の日本では、毎年数十人の餓死者が出るようになりました。自殺者は毎年三万人以上が続き、毎日八十人以上が自ら命を絶ったことになります。

これが構造改革の正体です。その本質を学術用語で言うと新自由主義です。この三十年の世界と日本を悪くした大きな要因として、それは重要です。てっとり早く一言で言えば、ホリエモンのせりふ「金で買えないものはない」が新自由主義の真髄です。競争と敵対的買収、リストラを進めた小泉構造改革が「ぶっこわした」ものは、「和を以って貴しとする」社会と精神であり、これは昭和後期のというより、聖徳太子以来の日本の醇風美俗への反革命でした。

6　世紀転換前後の空気

安室奈美恵は頂点にたった後は、時代の心を伝えるより自らの好みの世界を楽しんでいるようにみえました。彼女を継ぐように現れた浜崎あゆみにも同様な軌跡が感じられ、初期の哀切感は失われたようです。宇多田ひかるの出現はグローバリゼーションを体現しているかのようで、才能と完成は確かに感じられますが、彼女自身の深さ、ということは影響を及ぼせる広さという点では疑問も残ります。モーニング娘。は公開オーディションを通じてデビューした点でも、「誰にもチャンスがある」というアメリカ・イデオロギーの表れのように一見思われます。しかし重要なのは、実は第一期の五人は落選組であり、またプロデューサーのつんく♂ははじめから、歌唱力なりルックスなりで必ずしも抜群でない素材の良さを開かせる、という狙いであったことで、むしろ日本的です（九九年「Love Machine」）。ユーミンの台頭以来、へたらない抵抗勢力であり続けた中島みゆきは二〇〇二年に「地上の星」で気を吐き、そして翌〇三年にはSMAP「世界に一つだけの花」がナンバーワンにならなくていい、と大爆発しました。（これについても私は国民各層の受けとめを知ろうとしましたが、）若者はこれを自然に受容し、四、五十代に感激組がみられ、六十以降になると無関心無理解だけでなく、いまの若者の無気力の表れと反感を持つ者もいるなど、年代により違いました。

7　二十一世紀の日本へ

二〇〇六年に小泉から替わった安倍晋三首相の第一次政権は、騒いだわりに何もやらずあっけなく消えた、という印象を持つ国民も多いと思います。しかしこれは大間違いです。小泉の分身の術で得た議席を使って、戦後支配層の目的が一気に進みます。彼等が攻め落としたい「本丸」は郵政などでないことを安倍は理解しています。本丸は日本国憲法であり、それを落とすべく彼は、外堀の教育基本法、内堀の国民投票法としゃにむに埋め立てたのはすごい成果です。国民もある程度危機感を感じ、失点続きの大臣たちだけでなく安倍首相にもKYカードを突きつけ、在任中に改憲という流れは阻みました。

時代の風を読む名手として、大塚英志や天野祐吉を数えることは大方の賛同を得られましょう。大塚は明文改憲への動きに抗すべく、国民各自が自前の「憲法前文」をつくってみる、というきわめて根底的な運動を試みました。そこから選んだものが二〇〇二年に出されていますが、天野は、その中のある女子高生のものに注目し、繰り返し言及しました。「まったくもってタイシタコトのない／世界的にみてソコソコの国がいい。」(後略）二〇〇九年に蓮舫議員の「二番じゃだめなんですか」という発言が注目されたのは、こうした底流があるのです。ＳＭＡＰの流行歌からも、山が動いていることが感じ取れるのですが、経済や政治の権力者は、いまだに「一番を取り戻そう」などと気合を入れたがっています。私は、(偉そうにという非難を覚悟で率直に言えば）日本国民はあいかわらず愚かで、構造改革路線の「みんなの党」などを躍進させてはいるが、しかし正しい道を感じ取っている面も確かにあり、けなし言葉として言われる「草食系」ということの中の積極的意義を自覚して、**平成小日本主義**を思想化し、ヒキコモリを世界連帯と人類救済にまで転じていく、そうした潜在能力も持つものと、希望を持ってもいます。

補論エッセイ2

お札の顔新旧――経済と歴史

一万円札の「顔」が変わる。福沢諭吉から渋沢栄一への交代である。NHKの二〇二一年の大河ドラマも渋沢を主人公とするものであった。

藍玉の生産や販売も行う農家に生まれた渋沢は、草莽の志士としてはじめ攘夷を企てるが、挫折して一転最後の将軍となる慶喜に仕える。その弟昭武らによる使節団に随行してパリにいる間に幕府は倒れてしまう。帰国後今度は新政府に勤めるが、まもなく下野して銀行など多くの企業を興した。時代の荒波を力強く泳ぎ切って日本資本主義の父とも呼ばれる人物である。大河では元幕臣であったことが強調され、慶喜のみならず家康まで補足解説的な役で登場した。これらは単に物語としておもしろくするためと切り捨てられない。一面では、「維新」後が、その当事者やその継承者の意識が強い者が言ってきたほど以前からの断絶でなく、継承の面も少なくないことは歴史学的にだんだん確かめられてきた。また他方で江戸思想の単純な否定でない、渋沢の「論語とそろばん」に、かえって現代的意義が認められてきた。

江戸自体と明治以降を比べて、社会の体制や思想に大きな変化があったことは確かである。そしてそれは「進歩」であると長い間うたわれてきたのだが、ほんとにそう言えるのだろうか。以前は二百五十年の平和があった。以後は十年ごとに戦争をし、多くの人が殺し、殺された。この面ではっきり江戸時代のほうがよい社会である。しかし明治以降は経済成長した、と言われよう。以前に大飢饉では大きな被害が出たことは事実である。しかし同様なことは昭和の初期にもあった。そのような絶対的貧困を除けば、貧富を言うことは難しい。「列強」と比べたり、「新商品」の購買力を気にしたりすることのない江戸の民は、明治以降の民ほど「貧しさ」を苦にしたであろうか。今日「豊かさ」はGDPで表すが、これは商品経済の活発さであるから、江戸時代が明治以降よりも低いのは当然である。ところで当時の幕府は意図的に商品経済を阻む政策をとった。農本的な小日本主義をよしとしたのであり、それは論語的、家康的な価値観でもあった。江戸自体をばら色に描くつもりはない。しかし、平和で、自然を破壊せず、まっとうな道を進めばそこそこに生きていけるのんびりした暮らしは、現代人にとっての魅力や教訓に富む。それではやっていけなくなったから変わったのだと言われもした。しかし本当だろうか。まったく変わらないことは無理だとしても、別の変わり方も選べたのではなかろうか。

いまの一万円札の福沢諭吉もまたある意味で日本資本主義の父であるが、渋沢とは対照的でもある。「論語とそろばん」どころか福沢は大の儒教嫌いである。こどものとき志を聞かれた兄は、死ぬまで孝悌忠信、と儒教の教科書通りに答えた。しかし諭吉は兄と違い、日本一の大金持ちになる、と武士の家に生まれた子とも思えぬ返答をした（『福翁自伝』）。その諭吉が重視したのは道徳でなく日常有用の学としての経済学であった。西洋の経済書を幕府に頼まれて翻訳したとき、「競争」という日本語をつくりだしたことを、彼は誇っている（同書）。市場経済でとても重要なこの概念が、幕末までの日本にはなかったことになる。この訳稿を見て「争」という字が穏やかでないと疑義を出した幕府の役人に、経済書のなかに人間相譲るというような言葉をみたいのだろうと彼は推測し、かつあきれてみせる。「西洋の流儀はキツイものだね」と漏らしたこの幕府勘定方の有力者は、江戸の経済観念を体現している。そこでは「争わない」仕組みがとられていた。近代日本はそれを捨てようとした。それは内発的な発展というより、黒船の力におされての転換であった。そしてそこには、独立を守るためのやむを得ずの対応というだけでなく、「強い」相手方をそれゆえに価値あるものと誤認し、自らもその仲間入りすることを価値あることとする、上滑りな選択があった。競争も自由な競い合いとしては、個性の発現や成長につながるが、競争しないことは即負けることであり、しても勝たなければすなわち滅亡か隷従か、という仕組みは人間に幸せであろうか。

当時の世界情勢のなかで、近代日本のとった道は必然であったと言う者もあるかもしれない。ある程度まではそうであろうがすべてがそうだとするのは極論であり、そこには選択の幅があったと私は考える。当時の思想家、言論家、政治家にあっても、独立と近代化は認めつつも、「大日本帝国」でない道への提言はあった（田中彰『小国主義――日本の近代を読み直す――』岩波新書、一九九九、はそれを簡便に示している）。権力者たち――およびそれに従った少なくない国民――がそちらを選ばなかったのは、「一等国」入りから「八紘一宇」に至る輝きのほうに引き寄せられてしまったからではなかろうか。

同様なことが今も起こっているのではなかろうか。目指すべきは「メイク・ジャパン・グレイト・アゲイン」なのだろうか。「幸福指数」の高いブータン、「もったいない」精神を普及しているマータイさん、「世界一貧しい大統領」ムヒカ氏などに、むしろ見て取るべきところはないのだろうか。

第三部　現代の経済思潮と世界

第一章　社会主義

「社会主義」は、広くは、経済を含めた平等の、a）思想b）運動c）制度と言える。古代からあるが、市民革命と産業革命後の近代で大きな動きとなった。それ以前の不平等はまず政治的なものであったが市民革命によってその多くがなくなり、他方産業革命によって経済的不平等が主要な社会問題になったからである。社会主義は歴史的にいろいろな形態がある。

第一節　「空想的社会主義」の思想

トマス・モアは十六世紀初めのイギリス人である。大臣を務めた政治家であるが、同時に人文主義者でもあり、エラスムスとの交遊もあった。仕えた王はヘンリー八世で、離婚問題からカトリックを離れたことで有名である。当時のこととて、王が改宗すれば国民みながそれを強いられることになる。それもルターやカルヴァンの教えに賛同してでもなく、私欲の都合でのこの国権発動に、モアは断固反対した。王に逆らう不忠の臣として、彼は斬首された。がそれ以上に彼が名を残したのは、名著『ユートピア』によってである。漂流記の形をとった虚構であり、著者は「ユートピア国」を貧富の差のない平等な理想国として描いている。当時のイギリスの現実は、「囲い込み運動」によって、土地（生産手段）を失った大量の貧民が生まれ、野蛮な「資本の本源的蓄積」が始まった時期であった。

ロバート・オーエンは十八世紀末のイギリス人である。初等教育だけで職人の道に入り、産業革命の波に乗って経営者になった。自分は「成功」しても、低賃金長時間、劣悪な環境で働く労働者の状況に心を痛めた。しかし資本主義は資本家間の競争を原理とするので、生産費を高め商品価格を上げることにつながる労働条件の改善は妨げられる。邪悪な人間だからでなく（家族や友人にはよい人かもしれない）、資本家という経済的立場によって、労働者に冷酷にならざるを得ないのである。よってオーエンはたとえば国家によってこの改善を資本家に強制しようとはじめての労働法の制定に尽力したが、実効性がなかった。当時のイギリスは労働者に選挙権がなく、議員たちは自らの利害に反する立法を骨抜きにしたからである。そこで彼はアメリカに渡って理想の共同体建設を試みたが、これもうまくいかなかった。しかしオーエンの活動には、協同組合や保育所の設立など、実を結んだものもある。

シャルル・フーリエは十九世紀はじめのフランス人である。思想家・文筆家であり、形而上学的な夢想も少なくない。すべての快楽追求は肯定されるべきであると考え、問題はそのための各人の行為が他者のそれと対立しない社会構成にあるとした。彼はそれを空想的な共同体の構想で示したが、そこでは特に労働が生活のための必要というより楽しいものとしてそれ自体で求められるものとした。

サン゠シモンは十九世紀前半のフランス人である。フランス革命後の社会の再組織をめざし、封建的・軍事的な旧社会に替わる「産業社会」を構想した。それは資本家も経営者として重要な担い手とされるが、人への支配に替わる物の管理がその社会の原理となり、国家の死滅も視野に入れるなど、社会主義的性格も持っていた。「社会学の祖」とされるコントははじめ彼の弟子であった。

このような「空想的社会主義」者は、自分たちの「よい」思想は発表されればおのずと採用されるであろうとか、今の（悪い）社会を動かしている者たちの良心に働きかけることで実現を図れようとか、思っていた。

第二節　経済的平等をめざす運動

社会主義は前節で挙げたような思想家から起こっただけでなく、現実の運動からも生じた。

市民（ブルジョワ）革命は、全体としてはまさにその名のように市民階級（ブルジョワジー、その上層部が資本家階級）の支配を実現すものであるが、革命の中の急進派は社会主義的な要求を掲げた。貧農や職人がその担い手または支持者であり、封建制の打倒では市民階級と共同したが、それだけでは満足できなかったからである。イギリス革命（十七世紀）では「真正水平派」がそれである。政治的な平等（水平）だけでなく、農地の獲得をめざして国有地の耕作を行ったことからディッガーズとも呼ばれた。彼等はクロムウェルの革命政府によって弾圧された。フランス革命（18世紀末）におけるバブーフ派もそれである。ロベスピエールの革命政権も政治的平等を進めたが、それでも生産手段の私有は廃さなかった。さらなる革命によって経済的平等を達成しようとしたバブーフらのもくろみは、しかし事前に鎮圧された。

産業革命後、労働者は独自に闘争に立ち上がりもした。イギリスでは十九世紀初めに「ラッダイド運動」が起こった。機械の導入が（資本の利潤は増やしたが）労働者の境遇は悪くしたとして破壊したものである。むろん彼等は機械そのものでなくその社会的な使われ方が問題であることにまもなく気付き、生産様式でなく社会制度の改革に向かった。普通選挙をめざす**チャーチズム運動**であるが、政府によってつぶされた。ドイツではザクセンで、フランスではリヨンで職工の大規模な一揆が起こった。これらは農民一揆の職工版であり、計画性や組織性が欠けていた。

十九世紀半ばには、現状への不満からの自然発生的な一揆でなく、革命をめざす組織づくりが始まった。フランスのブランキ派やドイツの「義人同盟」などである。これらは少数の者の秘密結社であり、彼等の謀略的蜂起と扇動に期待がかけられた。広範な勤労大衆自身が、「不満」以上の自覚と見通しをもって、変革の主体となることは考えられていなかった。

第三節　科学的社会主義

1　創始者

マルクス（Karl Marx, 一八一八―八三）と**エンゲルス**（Friedlich Engels, 一八二〇―九四）は、ドイツ人であるが、三月革命の敗北後は亡命先のイギリスで暮らした。共著『共産党宣言』（一八四八）が「科学的社会主義」と称する彼等の理論の社会的な表明である。マルクスの主著『資本論』は第一巻が一八六七年に刊行され、第二巻と第三巻は遺稿に基づきエンゲルスの編集で出た。

2　源泉

科学的社会主義の主な理論的源泉としては、a）イギリスの古典経済学。b）フランスの思想。c）ドイツの古典哲学、の三つが指摘される。aからは労働価値説（より詳しくは第一部第二章6）と経済的階級把握を、bからは階級闘争による歴史把握と革命論を、cからはヘーゲルの弁証法（拙著『哲学史』第十八章、行人社、二〇一八、参照）とフォイエルバッハの物質説（同書、第十九章、参照）を受け継いでいる。

3　学説

I 世界観　物質を本源的な存在とする**物質説**をとる。また世界を内的矛盾による発展とみる**弁証法をとる。

Ⅱ人間観　人間は物質であり生物であるが、機械的物質論や生理学的物質論とは異なり、特有の性質を持つと認める。すなわち外的対象に目的意識的に働きかける自由な存在であるとみる。

Ⅲ社会観　a）物質的生産である経済が社会の土台である。生産力が生産関係を規定する。生産手段の私有によって、社会は経済的に支配する階級とされる階級とに分裂し、対立が生まれる。b）政治・法・イデオロギー（道徳・芸術・宗教）は社会の上部構造である。経済的な支配階級が政治的にも支配しその仕組みとしてつくられる国家権力を握る。

Ⅳ資本主義の仕組み　生産手段を私有する資本家は労働者から労働力を商品として買う。その価格が賃金であり、その理論的下限は労働者の生活費である。ところで労働力という商品は、他の使用品を生産するのに使われる（消費される）と、（原材料の価値につけ加えられた）自らの価値すなわち付加価値以上の価値を、つまり剰余価値を生み出すが、これは、生産された商品の所有者である資本家のものと（より詳しくは第一部第三章7）なる。これが資本主義における搾取であり、自分のつくりだしたものが他人のものとなるという意味では労働生産物における人間性の疎外である。このことは、ブラック企業が残業代を払わない、といった問題と混同してはならない。法令を順守し、市場経済のルール通りに経営している資本家も、利潤を得ている以上は、必ず搾取している。剰余生産物を搾取されているという点では、奴隷や農奴と同じであるが、労働者は身分制度のような経済外的強制によってそうなっているのではない。ただ生産手段が私有されているので、それを持たない者のほとんどは、生活のために雇われて働かざるを得ない。労働者は自由意志で特定の資本家に雇われるのだが、どの資本家にも雇われないという自由はほとんどない。彼は自分の雇い主（それが前近代的な資本家でなければ）に人身的に従属してはおらず法的には対等であるが、労働者階級の一員として資本家階級に従属しており、経済的に支配されている。また勤務時間においては、労働者はその内容、量、やり方において資本家の命令下にある。自分の労働の主体でなく、個性を発揮できない。これは労働過程における人間性の疎外である。労働は社会的な生産であり、人間は労働において他人の欲求を満たし、他人を喜ばせることができ、またそのことを自ら喜ぶことができる。しかし資本主義においては、労働は同類の間の「生存闘争」であり、他人はよくて自分の道具、悪ければ敵となる。これは社会性という面での人間性からの疎外である（労働の疎外については文献⑥参照）。

V資本主義の矛盾　労働者における人間本性と疎外との矛盾は、労働者と資本家との階級対立として表れる。資本主義によって生み出された労働者が疎外を克服し人間性を実現するには、資本主義という制度を廃止しなければならないが、これは資本家が望まないからである。資本主義という社会制度は（階級社会、人間が人間を支配する社会として）罪悪の体系であるだけでなく、歴史的に特定の条件で成立したものであるのだが、資本家には、「人間本性」にかなった秩序、少なくとも最善の社会にみえ、それに反対するのは、愚かな大衆か邪悪な陰謀か、少なくともその一つであるとみえる。他人に命令することでものを生産させている資本家はこのような観念説になりがちだが、物質説のマルクスに言わせれば、社会主義は思想家ではなくて資本主義の現実そのものが生み出しているのである。そして資本主義の発展はそれが疎外せざるを得ず、したがって自らに敵対せざるを得ない労働者を増大させ、自らの崩壊の条件をつくりだす。労働者はこれを自覚し、資本主義を廃止する革命の理論と運動をつくるであろう。

Ⅵ社会主義革命　資本主義社会を生み出したのは、身分を廃止した市民（ブルジョワ）革命であった。資本主義を終わらせるのは、階級を廃止する社会主義（プロレタリア）革命である。階級が存在する原因は生産手段の私有であるから、生産手段を（資本主義によって発展した協業と共同占有とを基礎として）社会的所有に移すことによって階級はなくなる。資本主義社会は生産手段の私有が法的に制度化され、それに基づく行政や司法が行われているのであるから、これをなくすとは、労働者階級がこれらの国家権力を獲得することを意味する。かつて市民階級が国家権力を封建領主階級から奪って、身分制度に基づく経済的・政治的・法的諸制度をなくし、それによって身分というものをなくしたのと同様である。

Ⅶ共産主義社会　しかし労働者階級が政治革命によって権力を得るのは、資本家階級が自らの支配をうちたてるためであったのとは違って、自らの解放だけでなく、一切の支配をこの世からなくすことに導く。雇う者である資本家をなくすことは雇われる者である労働者階級をなくすことでもある。経済的に支配する階級が自らに都合のよい制度を強制する手段である国家、国家意志の一般的表現である法はなくなる。支配関係や、人間における上下関係がなくなるのであるから、他者を支配するためであれ、自己の優越を示すためであれ、単に自己の独立を守るためであれ、直接的必要を超えた物質的富の獲得は無意味になる。労働はむしろ、自分や他の人の喜びのために好んで行われるようになる。自分が必要としない自分の生産物は欲しい人に無償で贈与することが本人の喜びであり、必要物を他人から贈与されることは何ら恥ではない。利己心に基づく交換の原理すなわち市場経済はなくなり、交換価値の媒体および尺度である貨幣も不要になって、古代博物館でしか見られなくなる。夢物語と思う者もあろうが、（まっとうな）家族では現に行われていることである。一般に共同体というものはそうであり、共産主義とは人間社会全体を共同体とすることであり、世界は一家人類はみな兄弟を実現することである。強制、支配、暴力のない、「各人の自由な発展が万人の自由な発展の条件である共同社会」（文献④五六頁）が、マルクスによる共産主義社会の定義である。そこに至るまでの人間は人間性が疎外された、「生存闘争」の野獣的法則に半ば拘束されていた人間の「前史」であり、共産主義から人間の本当の歴史が始まる、と彼は考える。

4　論点

a　暴力革命の思想か？

『共産党宣言』を書いた時点でマルクスやエンゲルスの念頭にあったのは暴力革命である。当時はそれ以外の革命はあり得なかったからであり、市民革命もまたそうであった。（いわゆる「名誉革命」は結果的に無血であったが、それまでの秩序を「非合法的に」倒したという広い意味では「暴力革命」である。）一八四七年にはイギリスもフランスも普通選挙を実行していない。

しかし十九世紀後半に選挙権の拡大などが進み、特にパリ・コミューンの敗北後は、マルクスも先進国では合法的な政権獲得の可能性に注目するようになった。彼の死後エンゲルスは、それが望ましいことをよりはっきりと述べている。要するに革命がどのようなかたちをとるかは、「労働者階級の発達の程度」（『資本論』初版序文、文献⑤第一分冊一〇頁）を含む社会的条件による。ロシアや中国で社会主義革命が始められたときは暴力的にならざるを得なかったが、これは科学的社会主義の原則ではない。

b 独裁の思想か？　支配をなくすのが共産主義であるから、独裁が目的ではあり得ない。しかし無政府主義と違っていったんは国家権力の掌握をめざすのであり、この「過渡期の権力」についてはマルクスは確かに「プロレタリアートの独裁」（プロ独）という言葉を使っている。しかしまずここからわかるように、労働者階級の「独裁」であって一つの政党や一人の人間の独裁ではない。またこれは独裁「権」を持っているということではなく、事実問題としてその階級だけが支配しているということを示す。この用語法では現在の日本やアメリカは「ブルジョアジーの独裁」の国である。そもそも二〇世紀的な「一党独裁」や「独裁者」の観念をこの時期にみることはできない。「独裁」と訳される（いまはまさにこの理由で「執権」など別の訳もされる）マルクスの用語Dictaturで当時の知識人が連想するのは古代ローマの「独裁官」である。これは国家緊急時に限って合法的手続きで選出され、ごく短い任期を与えられた、それ自体制度的な地位である。マルクスがこの語を転用したのは、一時的なものであること、立法権や執行権など国権の特定の一部でなく全体を含む権力であること、以前の制度や決定に拘束されず、人民の直接の支持に正統性を求めること、を示すためであった。ソ連で一党の統治になったのははじめは結果的にだが、後に「スターリン憲法」で一党支配や個人独裁を制度的に正当化したのは、科学的社会主義にまったく反する。

c **社会主義とは国有化か？**　少なくとも科学的社会主義は国家の死滅をめざしているのであるから、国有化が目的ではあり得ない。「共産主義国」というのは「丸い四角」というような形容矛盾である。『資本論』でも、生産手段の「社会的所有」や「共有」とは言われても「国有」とは言われていない。確かに無政府主義と違って、共産主義者は少なくともいったんは国家権力を得ようとするし、得た後も法律や命令を一つ出せば国家が簡単に「廃止」できるとは考えない。その限りで革命政権がとりあえずいくつかの産業を国有化するという方策は、共産主義に反するものでなくマルクスらもはっきり認めている。しかしここで問題なのは「国家」の中身なのである。それを動かしている政党の名前が「共産党」や「労働党」であるという理由で、「国有」が労働者や人民の所有だと思うのは、「自由民主党」がそういう名前だからという理由で自由で民主的な党だと思うのと同様に、ばかばかしいことである。ソ連や中国で多くの生産手段が「国有化」されたが、「社会的所有」(共有) にはならず、新たな階級の私的所有である。したがってそれらは政党や国の名前が何であれ、社会主義ではない。

d **経済的平等は生産を下げるか？**　この問いには三つの答えがなされる。第一に、搾取がなくなれば生産物はすべて生産者のものになるので、むしろ勤労意欲を高める、というものである。ただしこれは、「能力に応じて働き、それに応じて受け取る」という「共産主義の第一段階」の話であり、「必要に応じて受け取る」という本来の原則が実現したらみな怠けてしまうのではないか、と言われるかもしれない。そこで第二には、生活が保障されれば働かないというのは資本主義における労働疎外の結果にすぎず、社会が変われば意識も変わって「労働そのものが第一の生活欲求となる」。これも夢物語とされるかもしれないが、いまでも（まっとうな）芸術家は激しい芸術労働を、生活費のためでなくそれ自体を喜びとして行う。共産主義は労働と芸術と遊びとを一体とする。しかしまた第三にマルクスには、「経済成長」を幸福の尺度とするのはブルジョワ的な「俗物の唯物論」とする観点がある。彼は共産主義では生産力が高まるというより、「人間性にふさわしい」生産が行われるとする（『資本論』第三部第四八章、文献⑤第五分冊一〇五一頁）。成熟社会を迎えつつある先進国においては重要な観点であろう。なお経済的平等が生産を下げるという言説は、利欲という餌がなければ働かないという資本主義的な卑しい人間観に毒されているほかに、末期ソ連の経済停滞の強い印象に影響されている。しかしソ連は社会主義ではなかったのだからそれが原因とは言えない。また成立後の半世紀はむしろ驚異的な経済成長をしたのであることからも、単純な問題でないとわかる。敢て言えば、ソ連の中で新たな階級が生まれ、ブレジネフ政権以降はだんだん固定化し経済的不平等が固定していった、という逆方向に労働意欲低下（ノルマだけこなせばあとは酒でも飲んでいたほうがいいというような）の原因をみるほうが、まだしも正解に近いのではなかろうか。

e 階級分裂は克服できるか？　共産主義社会に価値を認めるとして、それは実現可能であろうか。

資本主義と階級社会一般は生産手段の私有に基づいているが、これは単なる暴力的占有だけでなく社会的分業という土台がある。よってこの克服が重要な課題となる。そして『資本論』では（最も抽象的には文献⑦）、分業すなわち「労働の分割」(die Teilung der Arbeit) が資本主義を生み出し発展させるが、同時にそこで発展する「大工業」がそれを（廃止するのでなく弁証法的に）止揚する「労働の転換」(der Wechsel der Arbeit) の技術的基礎をつくりだすということが指摘されている。労働者階級にまず必要な「自らを統治階級に高める」ためには、数の力、組織性と規律とともに、彼等一人一人が「**全面的に発達した個人**」にならなければならない。この「技術的基礎」を現実に結びつけるのは、そのための時間と空間を勝ち取り、共同の自己形成（Bildung）を行う、全面発達のための運動である。ソ連や中国で社会主義が実現できなかった、そしてより条件がよいはずの先進国でも革命運動が進んでいない深い理由は、「マルクス主義者」たちがマルクスのこの理論をよく理解しなかったことにある。労働者の全面発達がなかった旧「東側」諸国では、彼等の「前衛」と名乗る集団が彼等を統治することになり、「西側」でも、労働運動は単なる物取り主義に、政治運動は資本家政党への単なる反対役にとどまりがちである。

第四節　十九世紀後半の反体制運動

ａマルクスとエンゲルスは思想的には次第に資本主義批判の中心になっていったが、現実の運動においては、科学的社会主義がはっきり主導したことはない。一八四八年の革命の敗北後、60年代に立ち直りをみせた労働運動は**国際労働者協会（インターナショナル**、一八六四―七六）を設立した。運動の発展や改革での成果もあったが、内部対立によって終わった。最初の社会主義政権とされるパリ・コミューン（一八七一）も、マルクスは蜂起に反対していたもので、担ったのはブランキ派やプルードン派を含む雑多な反体制派であった。政党としてはドイツが最も言及されるべきである。もともとはラサールによるものだが、ベーベルやメーリングを通じて科学的社会主義の要素も加わった。ビスマルクの社会主義取締法によって十分な合法性を得られなかったなかでも勢力を拡大した。

b**無政府主義（アナーキズム）**は思想的源としてはゴドウィンやシュティルナーも挙げられるが、政治運動と結びついたものとしては、フランスのプルードン、ロシアのバクーニンやクロポトキン、日本の大杉栄などがあげられる。自由を求めるという意味では政治支配である資本主義に反対するが、資本主義の一側面である個人主義はむしろより一面的に執着する。よってこの思想は、組織労働者よりも、資本主義によってその個人主義的自由を奪われる中間層や、社会性の未発達な青年学生、専門性によってより独立的かそれを求める技術者・学者・芸術家などにみられがちである。具体的形態は多様で、一切の政治組織や政治運動を否定してゼネストで革命が成就するとみる労働組合主義（アナルコ・サンディカリズム）をとるもの、ユートピア的な協同組合や地域共同体に努めるものなどがある。最も問題なのは、テロや独りよがりのクーデタにはしるもので、これは体制側にとって、支配を強める口実を与え、反体制運動一般を過激で不道徳なものと民衆に思わせるという、二重の利得になる。政治運動体としての無政府主義は今日はほとんど破綻したが、芸術家やインテリなどの観念や気分としては根強い。またかつての無政府主義は反体制であったが、今日「祖国を持たない」のは労働者よりも、租税回避地を利用する多国籍企業や投資組織などである。国内的にも、二〇世紀の社会民主主義や「福祉国家」により始められた国民の権利や健康のための「規制」に反対する大資本の要求に対応する、反動的な新自由主義的「無政府主義」も現れている。

c十九世紀末以来、重要な政治勢力となっていったのは**社会民主主義**である。その思想的源としては、イギリスの**ウェッブ夫妻**が重要である。彼等は資本主義を労働者によいものとは認めないが、革命による体制の転換でなく、改良の積み重ねを進める。彼等がつくった「フェビアン協会」という名は、古代ローマで持久戦によって勝利をもたらした英雄の名に由来する。そこからわかるようにはじめはむしろ研究団体で、作家のバーナード・ショーやウェルズなども属していた。しかしこれを母体に一八九三年には独立労働党がつくられたのがいまの労働党の祖であり、次第に保守党に次ぐイギリスの政治勢力になっていった。ドイツ社会民主党の**ベルンシュタイン**は、党務で長くいたこのイギリスで彼等の影響も受け、「修正主義」と言われるこの路線に転じた。社会主義取締法廃止後のドイツで、事実上優位に立ったこの方針の下でこの党も議会の勢力を急速に伸ばした。先進国で選挙権拡大などが進んだのは、もちろんチャーチズム以来の民衆自身の運動による。体制側が応じていったのはこれに押されてであり、つぶしにかかるのは逆効果と感じ出したからではある。

ただまだ普選ではなく、これらの政党も政権をとれるわけではない。法案を通すにも自力では不十分だが、この面でも体制側はある程度の譲歩をした。それができたのは、これら先進国は帝国主義化していき、植民地からの収奪や搾取のお余りで、国内労働者をとりこむ余地があったからである。または帝国主義化すべく、労働法制や社会福祉などの施策で、彼等を国策に協力させる必要があったからである。社会民主主義政党は、こうして一定の成果を挙げながらも、国家主義の傾向を強め政府の戦争政策に協力するようになっていった。彼等を中心とする「第二インターナショナル」は、日露戦争時には片山潜とプレハーノフが反戦での協力を誓った。しかし十年後の第一次大戦（一九一四―一八）でははっきり破綻した。たとえば英独は敵になったが、それぞれの社会民主主義者は、労働者としての国際連帯や国際平和を投げ捨て、「イギリス人」「ドイツ人」としての国家利益に屈服した。

第五節　ロシア革命後

このような状況の中で、あくまでも「革命」と「平和」を追求した社会主義者がロシアの**レーニン**であった。一九一七年に始まったロシア革命は、科学的社会主義によるはじめての革命であった。彼を中心とするロシア社会民主労働党多数派（のちの共産党）は事実上政権を得たが、はじめからきわめて困難な条件におかれていた。彼は「官僚主義的に歪められた労働者国家」をただし、台頭したスターリンを排除しようとしたが、ともに果たせず倒れると、この政権は多くの点で社会主義からはずれ、また重要な点でまったく反する国家主義に変質していった（より詳しくは拙著『入門政治学』「第二部第三章、ソ連論」東信堂、二〇一〇）。スターリン（やそれに続く同類の者たち）はレーニンの後継者であるかのように偽り、むしろ労働者を含む国民の自由を奪いながらそれを共産主義であると唱え、その思想・運動・制度を他国にも強制しようとした。これは労働運動に大きな被害を与え、また「共産主義」について間違った印象や観念をいまでも与え続けている。

文献

①『世界の名著、42、オウエン／サン・シモン／フーリエ』中公バックス、一九八〇
②エンゲルス『空想から科学へ』国民文庫、一九六六
③同『フォイエルバッハ論』国民文庫、一九七〇
④マルクス・エンゲルス『共産党宣言　共産主義の原理』国民文庫、一九五二
⑤マルクス『資本論』大月書店（全五冊）、一九六八
⑥同『経済学・哲学草稿』岩波文庫、一九六四
⑦マルクス・エンゲルス『ドイツ・イデオロギー』新日本出版社、一九九六
⑧ピーター・ゲイ『ベルンシュタイン』木鐸社、一九八〇
⑨レヴィン『レーニン最後の闘争』岩波書店、一九六九
⑩芝田進午『人間性と人格の理論』青木書店、一九六一

第二章　ファシズム

1　ファシズムと経済

ファシズムはまずもって政治の思想・運動・制度である。よって私は拙著『入門政治学』において一章をあてた（第二部第二章）。しかしそれは、（重要な政治現象がみなそうであるように）経済的基盤を持ち、経済上の政策・制度・帰結などを伴う。ファシズムを把握するには経済面からの検討も必要で、『入門経済学』でもとりあげるゆえんである。

『入門政治学』で述べたことの要点をおさらいしておこう。①ファシズムが国家体制となったのは、ナチス党下のドイツとファシスタ党下のイタリアが最も典型的で、フランコ将軍下のスペインや昭和10年代の日本もその一種または変種と位置づけられる。②ファシズムというと「独裁」が連想されるが、伝統的・君主政的独裁と異なり、憲法や議会ができた後のものであり、したがってそこには大衆的運動や大衆の支持という要因がある。③しかしファシズムが体制化したのは民主主義の伝統が浅い後発資本主義国である。④ファシズムは国内的に独裁であるだけでなく、軍国主義をとって第二次大戦（一九三九―四五）の直接の仕掛け手となり、その敗北によって権力を失った。（第二次大戦に加わらなかったスペインは例外。）⑤ファシズム台頭の基盤には、第一次大戦後の資本主義体制の危機があり、特に一九二九年に始まった世界恐慌の衝撃は大きく、ファシズムはこうした危機への一つの対処の道という面がある。⑥ただしファシズム成立の要因は多様であり、直接の「損得」という意味での経済には還元できない面も見落とせない。

それでも、「ファシズムの思想がファシズムの体制をつくったというより、ある物質的利害関係からくる力がファシズムの思想と体制を生み出した、というほうがより本質的であると、私は考え」（同書、一五三―一五四頁）る。以下ではその観点から、主にドイツのファシズム、つまりナチズムについてより具体的にみてみたい。

2　ナチズムを許容した支配層の計算

伝統的支配層は、ナチスをもろてを挙げて歓迎したわけではなかった。「資本家階級」でみれば、軍需産業など一部はっきり好意的だったのもあるが、多数は敵対よりも妥協を選んだ、と言えそうである。その理由は、まずは自らの支配力の衰えである。第一次大戦後、民衆はハイパーインフレに苦しみ、ようやく収まったかと思ってもわずか数年で、世界恐慌により大量失業が生じた。これに対して「伝統的支配層」は有効な手を打てずにいた。このなかで勢力を伸ばしたのが、ドイツ共産党であった。①資本主義は恐慌を免れず、労働者の救いは社会主義にあるという教義が確証されたように思われた。②「世界」恐慌といっても社会主義を掲げて成立したソ連は別であり、むしろ「五か年計画」を始めて成長の道をたどりつつあるように見えた。――だが社会主義革命こそ、資本家階級にとってはなにがなんでも防がなければならないものである。ところで愚かでない資本家には、ナチスが本質的に反社会主義的であることがわかっていた。よって彼等が社会主義者に暴力をふるうのに高みの見物を決め込んだ。そして彼等が国家権力をにぎってその力で社会主義者を潰してくれるなら、損よりも得が多い。最悪の場合でも、社会主義者が政権を得るよりも「小さな悪」である。

3　ナチスの「不道徳な」経済政策

最も多くの部分が、また最も強く、ナチスを支持したのは小市民階級ないし中間層であったという。彼等はなぜそうしたのか。

一九三〇年代初めにおける彼等の最大の問題は、大量失業に端的に表れている経済恐慌であった。ナチスはこれへの対策を打ち出し、また実行していった。ではそれはどのようなものであったか。

a）ナチスの大きな主張は「ベルサイユ体制の打破」であった。これはドイツ国民の「愛国心」に訴えるという心理的効果を持つが、経済問題にもつながる。すなわちベルサイユ条約でドイツは厳しい軍縮を課せられた。これを破棄することは軍拡できるということである。軍縮で退役させられた元軍人（ナチス党員には多くいた）はもとより、失業者には軍に職を得る機会が増えることになる。またそれ以上に、**軍需産業**が需要を得て活発になり、その波及効果は大きかった。（日本でも第一次大戦後長く続いた不況を終わらせたのは、満州事変以降の「大陸進出」と軍拡であった。）b）ナチスは反ユダヤ運動を始めたのではないが、それに肩入れし、彼等の政策の最大のものの一つとした。政権獲得後の強制的な国外追放や収容所送りに先立って、差別や暴力的な襲撃を繰り広げたことにより、築いた富や地位を捨てて自主的に去るユダヤ人も多く出た。ユダヤ系の企業や商人が得ていた利得を得ることができた、または見込めた市民は、ユダヤ人に対する宗教的―民族的な反感を持っていなくても、ナチスの反ユダヤ政策を少なくとも黙認した。

4　ナチスの「合理的な」経済政策

しかしナチスの経済政策はこうした「不道徳な」ものだけではない。失業対策として公共投資を行った。今日でも「景気対策」と言えば公共投資というのはほとんど常識化しており、それを批判する者は少ない。しかしナチスによるこの方策は、ルーズベルト米大統領の「ニューディール」政策とならんで、世界最初の大きな企てとも言える。ニューディールではダム建設が有名である。戦後日本ではダムや新幹線や高速道路などが目玉であった。ナチス・ドイツの場合も高速道路「アウトバーン」が主導した。公共投資の直接の目的は、失業者に職を与えることである。しかしその内容は、道路やダムの建設のような、直接の収益を生むものでない事業（それゆえ私企業が手を出さない分野）が中心であるから、それがさらにどのような産業に連動するかが重要である。「ニューディール」のダムは水力発電のためであり、電力供給によってテネシー川流域の産業のコスト減と増産をもたらすものでもあった。「アウトバーン」の場合は、道を作れば次に必要なのは車である。ナチス・ドイツは国産の大衆車の製造を合わせて国策とした。その名「フォルクスワーゲン」(Volkswagen)は「国民の車」「民衆の車」を意味する。ナチスがこのようないわばまっとうな経済政策を実行し、恐慌を乗り切るのにこれらもおおいに寄与したことは見逃してはならない。民衆は、「悪と知らずにだまされて」「悪と感じつつも私益につられて」だけ彼等を支持したわけではない。

5　経済と心理

「アウトバーン」は、車好きにとって長い間憧れの対象であった。私は一度だけ、ミュンヘンからノイシュヴァンシュタイン城まで行くのに通ったが、確かに快適なものだった。特に無料で速度無制限というのが、車好きにはたまらなかったらしい。わが国で民主党政権時代に、「高速道路無料化」を一部で実行したが、センスのないことであった。欧州ではこの時期には環境対策から、(炭素税導入などとともに)逆に高速道路の有料化へと動いていたのである。

自動車そのものについては、確かに米国のほうが早い。しかしこの時期には米国でも車は金持ちのものであった。「フォルクスワーゲン」の意味は、小市民でも(すぐにではないが勤労と貯蓄に努めれば)自家用車を持てるということにあった。米国でできないことができている、どうだドイツのすごさは、ナチスのすばらしさは、と国民的自負心の高揚にも寄与した。集団的プライドを高める三つのやり方がある。一つは神話や伝統を使うもので、宣伝の意味が強く、悪くすればただの洗脳である。ナチスはきわめて巧みであった（拙著『入門政治学』における「ファシズムのかっこよさ」の節、参照）が、それでもこれだけでは脆弱で長続きしない。もう一つは、直接の損得ではないが観念的なものでない領域に求められる。わかりやすいものとしてはスポーツにおける活躍などである。ムッソリーニやヒットラーはW杯や五輪を国威発揚に向けて存分に利用した。そして三つ目が経済的な優秀さや成功である。フォルクスワーゲンの成功はこれに属する。けれども、トラックなどは運輸を通じて経済波及効果が大きいとしても、当時のドイツの小市民がマイカーを持つことは虚栄以上の意味があったのか。あった。ドイツ人は森が好きである。通勤や仕事に車を使わなくても、日曜に森に行ける。そこでキャンプもはれるし、大きな声で歌も歌える（彼等はフランス人と違って合唱が好きである）。「ワンダーフォーゲル」とはドイツ語で「渡り鳥」の意味であり、このドイツ生まれの文化は、ナチスの青年部などに取り込まれていった。「ワイマール文化」を病的で退廃的（でユダヤ人や左翼がもたらしたもの）と感じた「健康的な」ドイツ人は、ナチスに国民の治療をみたのである。

6　社会政策

失業は大幅に減っても、恒産のない労働者階級には、病気やけがや老衰による退職が、大きな禍であり不安であった。「健康的」であろうとするナチス政権は健康保険や公衆衛生などにも取り組んだ。社会政策による労働者階級の取り込みは、既にビスマルクも行った。彼がつくった第二帝国が第一次大戦（一九一四）でついえた後は、ワイマール憲法が「社会権」を規定した。ナチス政権はこれらを受け継ぐ。政権獲得の一九三三年に福祉機関（ＮＳＶ）を設置した。医療保険や老齢年金を設け、約八千の託児所を作り、母親に資金を給付した。このような政策により、ナチスはその正式名称が示すような、労働者の味方の社会主義的な政党であるとの幻想を、彼等に与えた。似たようなことは（ナチス・ドイツに倣った）日本にも言える。健康保険制度は一九三八年に始まり、今も問題になっている公的年金は、一九四〇年の船員保険、四二年の労働者年金保険が礎石である。直接には戦時体制づくりの一環なのだが、日本ファシストのなかには、このためこの体制の本質が「万民」のためであると思い込んだり思い込まされたりした者もある。

7　現代的評価の難点1

ファシズムのこうした、ある意味でまっとうな（修正資本主義的な）、ある面では進歩的な（社会主義をとりこむ）政策は、今の私達に二重の理論上の厄介をもたらしている。

一つは、修正資本主義にも社会主義にも否定的な、新自由主義的な論者の一部が、政府の経済対策や福祉制度などを、ナチズム的なあしき「全体主義」または「一九四〇年体制」として攻撃することである。新自由主義自体については後の章でとりあげるがとりあえずこう言おう。ファシズム政権によって、いわんやその時期において実行されたすべてが悪いわけではない。実際悪いばかりの政権や体制が十年も二十年も続いたはずがない。私達はファシズムの何が悪いのかをしっかり把握しなければならない。さもなければ逆に、反ファシズムを名にしたファシズムにもなりかねない。(ある私立学校長は、朝礼などであしき「全体主義国」を罵りそれと比べいかに日本が自由なよい国かをよく口にしたが、その学校はまさに校長一族の全体主義体制であった。)

もう一つは、ファシズムの是認や礼讃さえ生み出すことがあることである。一面的な知識や偏ったイメージでかぶれてしまった馬鹿な若者だけの話ではない。ちゃんと学んだはずのなかにも、ごく少数だがなくならず、教える側の一人としても悩まされる。生徒すべてが内容すべてをちゃんと聞くなどということはもともとないので、ほかの話同様(この問題の重要性などもむろん感じ取らず単に教科書の一章または一節に過ぎず)、たまたま自分の耳目にはいって印象に残ったことからそうなるのだろうか。それとももっと「もともと」、授業などよりあらかじめ自分のなかでできてしまっている観念のほうが強くて、それを学習によって訂正する者もいるとしても、それに合わせて新たな話も歪めて受け取ってしまう者もいる、ということなのだろうか。あるいは開き直ってこうも考えてみる。個別的には困ったことでも、一般論としては、人々のいわば頑固な多様性としてよい面もあるのではないか。つまり人間が、どんな教育によってもそう簡単には「教育」されない少数者がいるということは、悪しき洗脳に対する防壁としても働くという一種の救いでもあるまいかと。しかしまた「もともと」人間には、悪と知ってもそれにひかれてしまう弱さを持った者や、ごくわずかにせよ、善悪の感情をまったく持たず(「サイコパス」?)かつ自分の快楽を実現する「力」だけを賛美する者もいるということだろうか。

8　「乗せられた」人々

第5節で、経済政策も単なる物質的損得だけでなく、同時に「国民的誇り」に結びついていたことを述べた。しかしなかには、損得でなく、あるいは損得「を超えた」魅力を感じる者もいることが、ファシズムの特徴の一つとして、重要であると考える。前掲拙著で「ファシズムのかっこよさ」について一節（第二部第二章第二節）をあてたゆえんである。詳しくはそちらを参照されたい。

9　欺かれた人々

中間層あるいは小市民階級と比べると、労働者階級のファシストへの支持は大きくはなくまた強くはなかったという。それでも一九三〇年代にはその少なくない部分が支持した。彼等は自分にとって得になると誤って信じたのである。勝手に誤ったのでなく、ナチスは意図的に欺いた。欺く手段の第一は、まず政党などの名前である。「ナチス」は「国民社会主義ドイツ労働者党」の略であり、労働者のために社会主義をめざす政党のようである。しかし、詳しく調べるまでもなく、彼等が最初から大声で言っていたのは、第一次大戦は社会主義者の「裏切り」によって敗北したというデマ攻撃ではなかったか。（この嘘が少なからず信じられたのは、もともと社会主義嫌いの人々だけでなく、責任転嫁できる軍人たちに好都合だったからである。）「口撃」だけでなく、ナチスの「突撃隊」は、社会主義者や労働組合の集会やデモなどに「突撃」し、物理的にもボコりまくっていたのではないか。二十世紀において、事実よりも「名前」が人々の観念を（それによって行動を）規定するというのは、信じがたいことのようにも見える。だが実は現在もそうのである。大人気漫画『ナニワ金融道』などの作者青木雄二は語った。助手として働きに来る若者に支持政党を聞くと自民党が多い。理由を聞くと「自由」で「民主」の党だからというのを聞いてあきれた。党名というのは屋号のようなもので実態とは別だということも知らんのか、と。（若い人のために注釈すると、「屋号」というのは、名字が一般的で無かったり集落の多数が同じ苗字だったりするために、一族を区別するために職業などによってつけられた記号であり、「升屋」や「錠前屋」の当主が実際には豆腐屋であったり果樹農家であったりする。）こうした間違いは当事者やメディアによって意図的につくられてもいる。ソヴィエト「社会主義」共和国連邦が社会主義から転落していったこと、中国「共産党」が共産主義に真っ向から反する政治を進めていることは、少し勉強すればわかることなのだが、大洪水のような報道や教育のなかではなかなか浸透しない。そのように報じたり教えたりしている者は、ではあなたはいまの北朝鮮を「民主主義」による「人民」の「共和国」だと思っているのか、と問われるだけでも自壊するのだが。要するに、「国民（または国家）社会主義」とは社会主義の一種だと思ってしまう者が、今と同様に当時もいたのである。

以上の話は、社会主義的で労働者の味方だということに好感を持つ者が、当然ながら今も昔もいる、ということが前提である。その際にしかしこの意味では同様な他の政治組織もあるわけで、ファシストはこのようなライヴァルに勝たなければならない。ファシズム期においては、特に共産党が、やはり世界恐慌などを背景に勢力を強めていた。これらに対しナチスがまず用いるのは、共産党が依拠したマルクス主義というのは世界支配をめざすユダヤの陰謀の一環だという非難である。米英などの大資本と共産主義とは最大の敵同士という観念は常識的でさえある。しかし前者を仕切っているのはロスチャイルドなどのユダヤ人であり、後者の家元のマルクスは親の代まではユダヤ人であったということから、どちらも同根の悪の元締めだとする、驚くべき「論理」操作である。ユダヤ人がほとんどいない日本では反ユダヤは効果がないので、日本のファシストは、社会主義そのものでなく、日本の共産主義者が「国体」に反する「国賊」であるということを攻撃内容とした。(当時の日本共産党が国際共産党の日本支部としてつくられ天皇制廃止を主張したこと自体は事実である。また「自由主義者」に対しては「自由主義」そのものの議論よりも彼等が西洋かぶれの「非国民」として攻撃された。) このように「国民（または国家）社会主義」としてのファシズムは、ユダヤ教的コスモポリタニズムやマルクス主義の国際主義をたたくことで、「国民」の支持をライヴァルから奪おうとする。

ところで「大衆」は、そこに「驚くべき論理操作」すなわち非論理があることなどにはこだわらない。さすがに二十世紀なので一応論理はあるとするのだが、その正しさを裏付けたり証明したりはしない。(実際思想や理論ではファシズムは勝てない。) ライヴァルを、「政敵」としてでなく、国民の敵、つまり端的な犯罪集団とする。ドイツの場合、「国会放火事件」が最も有名である。ナチスは国会議事堂の火災を共産党による放火とし、これを理由に共産党を非合法化した。火災の原因そのものについては、真相はいまでも不明である。元共産党員の一人が火をつけたという説からナチスの自作説まで諸説がある。はっきりしているのは、今日も謎である事件を、すなわち証拠もなく、共産党の仕業とナチスが決めつけたことである。日本では警察のスパイが共産党に入り込み、銀行強盗を起こした。資金集めのため強盗もする組織とするほうが、共産主義への批判を説くよりも大衆には効果的である。逮捕された共産党員らを発表するときには、わざと数日収監したあとのぼさぼさ髪で無精ひげの「悪党面」の写真で見せた。同様な「戦術」は戦後にも使われた。一九五〇年、国鉄総裁の線路上での死体発見、列車の脱線や暴走の事故などがあった。下山事件、松川事件、三鷹事件と言われるこれらの出来事も、いまだ真相は解明されていない。そしてここでも言えるのは、それなのにほとんど即座に政府（吉田茂内閣）が共産党や国鉄労組の仕業と決めつけ、「犯人」の逮捕（一審では少なからぬ有罪判決が出たが、その後ほとんどは少なくとも証拠不十分として覆った）だけでなく、共産党の非合法化などの弾圧の理由としたのである。当時の日本政府の背後に米国の手があるならば（その可能性は高い。これらの事件を扱ったものとして、松本清張『日本の黒い霧』は日本の戦後史を知るうえで参考になる。）、マッカーシズム（アメリカにおけるファシズムの一つ）の一環と言えよう。

10　抹殺・弾圧・威嚇された人々

以下の二つについてはここでは詳述は省きたい。一つはナチスによって数百万人が虐殺されたユダヤ人である。重要でないからでなく、ここでの一項目として述べるには大きな問題であり過ぎるからである。ここでは次のことだけ述べたい。非常に重大ではあるが、それでも「ナチズム」を、いわんや「ファシズム」をユダヤ・ホロコーストだけでとらえてはならない、ということである。「特にユダヤ人」であったことにはそれなりに大きな意味はあるが、時と所を変えて、ファシズムは他の人間集団をこの「ユダヤ人」とすることに敏感である必要がある。もう一つは、優生思想により「安楽死」させられたり強制断種された人々である。実態がわかってくれるにつれて判明した被害者数もどんどん増えている。反ユダヤ主義同様、優生思想もファシストが始めたものではないが、彼等の政権下で最も暴力的に実行されたものである。そして思想的には反ユダヤ主義に劣らずファシズムの本質を示すものである。相模原の障害者施設で大量殺人を行った植松なにがしが、「ナチスの思想がおりてきた」と述べたのは示唆的である。

まず、国家による弾圧が挙げられる。治安立法を制定して特定の思想や政治活動を禁止する。これの取り締まりに当たる政治警察がつくられ、ドイツでは「泣く子も黙る」と言われた**ゲシュタポ**、日本では「治安維持法」による**特別高等警察（特高）**である。彼等が「政治犯」容疑者を常時監視し、逮捕するとこうした法律違反として刑罰を与えるほか、しばしば取り調べの中で（自白させるため、あるいは情報を引き出すため、日本においてはさらに「転向」させるため、）ひどい拷問を行い、少なくない者を虐殺した。（これらの体制でも拷問自体は中世と違って合法化されていなかったので、「病死」などと発表された。）

国家権力を使える以前から、ファシストは暴力活動を行うテロ組織を持っていた。ナチスの場合は「突撃隊」が悪名高い。通り一辺の知識だと、ヒットラーは「ミュンヘン一揆」に失敗したことで合法戦術に転じたと観念される。確かに国家レベルでは武装蜂起戦略を捨て、また大物政治家へのテロも控えた。しかし、一九三二年六月の共産党員労働者ピートルツフの虐殺などを含め、日常的な暴力活動を行っていた。敵に直接打撃を与えるだけでなく、そうした「メンバーになっているだけでも危険なのだということを一般の住民に示すことに力を入れ」(アーレント『全体主義の起原3』大久保・大島訳、一九七四、みすず書房、六八頁)た。勿論非合法であるが、「ヴァイマール共和国の警察も裁判所も『右翼』の犯罪を厳しく追究《ママ》しなかった」(同)。なぜなら警察などのなかにナチスの支持者が多かったからである。(現在でも警察は左翼に厳しく右翼に甘いのと同様である。)しかも彼等はこうした犯罪について(暴力団と違い、「下っ端の行き過ぎ」などと弁明するより)公然と認め正当化した。そのことで自分たちが「口先だけ」の集団でないことを誇示したのである。再び言おう。〝ナチスは権力を握った後はやりたい放題でひどかったが、平和的に国民の支持を得て権力を得た〟というのは正確な認識ではない。時期によりまた領域により「合法性」を重視もしたが、あくまでも戦術的有効性のためであり、徹頭徹尾「力」を信奉する暴力主義の組織であったのである。(なおナチスは政権獲得後も非合法な暴力行使にも訴えた。まさにこの突撃隊が「用済み」とされて七〇人以上が殺された「長いナイフの夜」や、ユダヤ人襲撃の「水晶の夜」などが著名である。)

第三に、はっきりした権力機関と純粋な民間組織の中間的団体によるものがある。退役(在郷)

軍人会、町内会（隣組）、「国防婦人会」などを通じて、ファシスト政権は末端までの監視・統制・密告の体制をつくった。日常生活に密着するだけに、これらの組織で「目を付けられる」ことは庶民には恐怖であった。現在でもたとえば退職「自衛」官の組織がどのような活動をしているかなど、国民の側からしっかり監視する必要がある。

11　思考停止した人々

ある意味ではこれが最悪である。この問題についてさしあたりはアレント『エルサレムのアイヒマン』による問題提起は示唆的である。

12　現代的評価の難点2

いわゆる歴史修正主義のことは、ここでは扱わないことにしよう。アウシュヴィッツや南京での虐殺は「なかった」というような偽造のことである。二一世紀になってそのような言説を批判することまで必要なのは悲しいが、それはファシズム再来を防ぐためにはなされなければならない。ここでは、善意であるならより微妙な、悪意であるならより手の込んだ難点をとりあげよう。ファシズム体制下の国民を、虐げられ苦しまされたものとして描くのは一面的であり、彼等は結構楽しんだり喜んだりもしていた、というものである。ある意味では正しい。①かなりな期間のことであり、また人間生活はいろいろな面を持つから、彼等に喜びや楽しさを感じることもあったのは当然のことである。逆に言えばそれらはファシズムの産物ではないのであるから、「だからファシズムもそう悪いものではない」と帰結するならば詭弁になる。②人間はどんなことにも慣れる動物であるとドストエフスキーは言った。配給の食生活で、芋続きの中で米が食べられた日は幸せに感じ、収容所のなかで、殴られたり怒鳴られたりせずに過ぎた一日は喜ばしく思ったりもする。リアルであっても、そうしたことを根拠にファシズムも他の体制とそう違わない、というのは無論詭弁である。③ファシズム特有の高揚感というものはある。国民の連帯感や一体感も強くなる。国家目標が明示され、それが国民個人にも担わされることで、人生の意味や生活の張りを感じられもする。「成功」の局面では、自分が帰属する集団の一員として誇りも抱ける。これも「一面の事実」であり、ファシズムを弁明するのにも、またファシズムそのものは「悪」としてもその「責任」を権力者よりも一般国民に負わせようとするのにも、用いられることがある。この言説の問題はそれがまさに「一面の事実」であることにある。このような「幸福感」は、その裏側に、いろいろな人々に多くの不幸を生み出していた。それは当時の人々にも隠されたり見ないように仕向けられたりされたものであり、今日でも隠蔽しようとする勢力がある。私達は誰に目を向けるか、誰の身になって考えるかが重要である。

13　防止法のごく一部として

旧来型のファシズムが簡単に復活するとは思われないが、それでも近年は、ファシズムを脱する動きよりもファシズム的傾向が強まる動きのほうが大きいように思われる。

まず言えることは、いろいろな思想の者が、互いに対立を持ちながらも、ファシズムの阻止ということで力を合わせなければならない、ということである。ニーメラーの言葉は大きな教訓である。

個々の政治課題として、近年の日本でファシズム化への歩みではないかと訴えたいのは、改定教育基本法、国家機密法、共謀罪導入などである。こうした流れは、一部の外国や「在日」外国人へのヘイト行為などとともに、少なくない「大衆」も巻き込む形で、国家主義意識や国民的高揚感を与えつつ、ファシズム化を進めている。

思想的には、「暗黒啓蒙」「インテレクチュアル・ダーク・ウェブ」が、民主主義や平等を攻撃している。旧来のファシズムとは違って、科学技術と資本主義の「加速」を究極の価値とし、進化論・認知心理学・行動経済学などの「エビデンス」に訴えて、人権や自由尊重をたたいている。IT時代の「強者」の思想であり、シリコンバレーの起業家たちに支持者が多いという（藤田直哉氏による）。今後の大問題として考えるべきである。

深い問題としてエートス的な観点も必要である。アレントは、ナチスが大衆に抱かせた成功イメージを、対抗する共産主義のそれと興味深く比べている。すなわち後者の「階級なき社会」という目標は、当時の俗衆には、「みんなが熟練労働者になる」というイメージだったのに対し、前者では、「すべてのドイツ人は最後には工場所有者の身分になれるという期待を抱かせた」というのである（前掲書、九四頁）。これはフロムがナチズムの心理的基盤とした「権威主義的性格」の指摘

（『自由からの逃走』）と重なる。つまり平等よりも「自分が上になる」ことを求める心性が根底にあるということである。これに対して平等を説教するだけでは世の中動かない、ということで経済学の出番となる。政治的、または「法の下の」平等だけでは、現実の上下関係がなくなるわけではない。経世済民の理論としての経済学は、そこで、人々が「平等」がよいものだ、尊いものだということを実感する現実的・経済的な諸関係をどうつくっていくかに向かわなければならない。家庭で、学校で、職場で、市民団体や日頃の付き合いのなかで、平等な現実をつくり、また広げていきやすい仕組みや場や空気をつくることが、必要であろう。

第三章　修正資本主義

第一節　ケインズ

最も重要な経済学者は誰か、と専門家に聞けば意見は分かれるかもしれない。しかし三人選ぶならばと聞けば、ほとんどの経済学者の答えは一致するのではなかろうか。すなわち、アダム・スミス、マルクス、そしてケインズである。

1　人物

ケインズ（J.M.Keynes, 一八八三－一九四六）は二〇世紀前半のイギリス人である。名門の生まれであり、ケンブリッジ大学在学中から秀才の誉れが高かった。しかし直接学者になったのでなく、卒業後大蔵省などに勤めた。優秀であるが、（学界で師の後を継ぐのでなく）現実に当たったことが、かえって伝統に縛られず、（「ケインズ革命」と呼ばれる）大転換をなしとげられた一因でもあろう。（同様なことが、学んだヘーゲルを大転換したマルクスにも言えよう。）第一次大戦（一九一四―一八）後の講和会議に政府の一員として出席したが、敗戦国ドイツへの過酷な賠償を求めた英国政府に、彼個人としては反対意見であった。理由の一つは、巨額の支払いが経済学的に不可能で結局実行されないという見通しからである。もう一つはそれと関係して、当時の習慣として負けた以上はある程度の賠償は仕方ないとドイツ人も諦めようが、それ以上だといったんはやむを得ず調印しても、恨みや復讐の気持ちをかきたてて逆効果であろうということである。後の歴史（ドイツの超インフレからナチズムの成立）から見れば、ケインズの考えは正しかったと言えよう。また戦後の経済として、英国政府は金本位制に戻そうと考え、事実一九二五年に復帰したが、彼はこれにも反対で、むしろこれを機に管理通貨制に移行すべきだとの考えであった。現在、先進国が管理通貨制をとっていることからすれば、この点でもケインズのほうが先を見通していたと考えられる。先駆者らしくその場では受け入れられなかったが、ケインズの構想は主著『雇用、利子および貨幣の一般理論』（一九三六）などで表され、次第に時代と共振していく。本書第一部第五章（3・4）でごく簡単に触れたが、本章ではもう少し詳しくみていくことにしたい。

2　現実の社会と社会思想への批判

「マルクス経済学」が単に新しい経済理論でなく、彼の目の前の社会とその思想全般の革新をめざすものであったように、「ケインズ経済学」も、広い視野からの思想と理論を背景に持っている。ケインズの目の前にあって、彼が批判すべきだとみなしたのは、イギリスの保守主義である。これは地主的・貴族的な社会層が経済的な、「保守党」が政治的な担い手となっている。世襲は公正でなく、また経済を停滞させてよくない、と彼は考える。つまり、働きに応じて富裕になれる経済的公正さと、経済的な活性化が必要と考えるのである。これは彼の持論でもあり、時論でもある。時論というのは、第一次大戦後、米国の経済的優位が明らかになり、英国はもはや世界一の大英帝国ではいられず、このままではむしろ衰退すると憂えたからである。米国ははじめから王も貴族もおらず、経済成長には絶好の条件を備えている。英国に対策が必要とするが、ケインズがそのため主張するのは、相続税を強い累進制にして、資産の平等化を図ることである。

「ケインズ経済学」が社会的文脈を持つように、彼が批判する古典経済学にも理論的前提があり、彼はそこから問題とする。

第一に、古典経済学は、「長い目で見れば」均衡があることを強調する。商品も物価は上下する。しかしたとえば高価になりすぎた商品は、(買い手が買い控えることで、あるいは高く売れると思って供給が過剰になったことで) 売るためには値段を下げることになる。つまりそれぞれの一瞬で見れば価格は変動しているが、長期的には需給の一致点の価格がその中心となって均衡をとっている。それゆえ市場の外部から「値を下げろ」というように介入することは不要であり、有害だとする。いわゆる自由放任主義である。不況では労働力商品の供給が過剰であるから、その価格つまり賃金が下がる（失業者の増加も労働者階級全体としては賃下げと等しい）ことで、その需要が増しおのずと好況に転ずる、ゆえに政府の対策などはいらない、という。ところで、もしそうだとしても（世界恐慌はそうならないということを現実で示したが）、その過程で解雇されたような労働者は打撃を受けるが、それは景気循環の中で避けがたい一時的現象とされる。「長い目で見れば」景気回復するのだからやむを得ない、あるいはむしろ必要な淘汰であるとする。ケインズがここにダーウィニズムとの関連をみているのは鋭い。生物学説としてのダーウィニズムについてはここでは論じないことにするが、「社会ダーウィニズム」は科学を装ったイデオロギーとして、弱肉強食という目の前の事実を普遍的規範として正当化する、有害な社会思想である。以下はケインズ自身によるたとえである。「長い目で見れば」人はすべて死ぬことは医学的真理である。だからと言って目の前の病人をいずれは死ぬのだからと放置する医者をどう考えるべきか。長期的な均衡が仮に正しいとしても、だからと言って目の前の経済的問題を放置する経済学者は、間違っているだけでなく非人間的である。

第二に、「合成の誤謬」がある（第一部第二章8）。不景気のとき、消費者なら消費を、生産者なら生産を減らすことはその個別の人や企業にとって「正しい」が、みなが「正しく」行動すると不景気を強めるだけという逆の結果になる。この場合の「正しい」というのは「自愛心」による自分の損得が基準である。個人や企業自体の行動が間違っているので損する場合は当然あるが、各人が自分の得になるよう「正しく」ふるまえば「神の見えざる手」でいつもうまくいくとは限らず、人間の手で社会設計をする必要もあるのである。

ゆえにケインズは「自由放任の終わり」を宣言する。その「論拠とされてきた形而上学〔…〕は、一掃してしまおう。〔…〕世界は、私的利害と社会的利害が常に一致するように天上から統治されているわけではない。〔…〕啓発された利己心は、常に社会全体の利益になるようにはたらくというのは、経済学原理からの正確な演繹ではない」(文献②二五一頁)。

社会設計による政府の経済政策と言えば、国有化が思い浮かぶかもしれない。国家主義的な社会主義や、イギリスで言えば「労働党」がこれを重視する。しかしケインズはこれには反対する。一つには国営企業の効率の悪さからであり、経済的活性化を重視するケインズとしては賛成しない。また活性化自体にも必要な個人の自由や創意を彼は重要な価値としており、国有化ではそれが失われるとするのである。自由放任的資本主義の「非人間性」を批判し弱者救済を倫理的に肯定するが、資本主義そのものはよしとする。ケインズはイギリスの「保守党」と「労働党」をともに批判して「自由党」を支持した。

3　雇用の一般理論

前節で述べたように、古典派の雇用論は「非人間的」であったが、どうしてそうなったのか。古典派経済学者の人となりが「人間的」でないとしても、それが直接に理論の非人間性をもたらすわけではなく、理論そのものの問題に媒介されている。そしてその理論について、ケインズは一から間違っていると考えているわけではない。商品の価格は長期的に均衡する、というのは多くの場合に原理として通用すると考える。問題はしかし労働力という商品が他の商品（物品）と違う点であり、古典派はこれを見落としているとする。なぜなら労働力は価格（賃金）に応じて需給を調節しにくいからであり、もしそれができるならそれは労働者というより暇人の労働力である。暇人は賃金に応じて働くか否かを自由に選べるわけで、このように「非自発的失業者がいない」という非現実的な前提では古典理論は成り立つ（第一部第五章3）。ケインズ経済学が「雇用の…一般理論」と称するのは、このような条件抜きに、非自発的失業がある場合も含めた雇用論を目指すからである。

　自由放任が経済学的にも正しくない以上は、政府による失業対策が必要であるとともに正しくもあるとされる。その方法として最も多いのは公共投資である。これは財政赤字になるという反問に対するケインズの答え、つまり雇用増↓所得増↓有効需要の増加↓景気回復↓税収の自然増による財政赤字の解消、については既に述べた（第一部第五章4）。しかしさらに次のような反問が出るかもしれない。仮に政府が一兆円の公共投資を行ったとして、すべてが国民の所得増になったとしよう。しかしどんな高い税率でも一〇〇%ということはあり得ない。もし一〇%が税として課されるなら、政府に戻るのは一〇〇〇億円に過ぎず、赤字解消どころではない、と。これに答えるケインズの理論が**乗数論**である（以下本節末の第一図参照）。一兆円の公共投資（たとえば道路つくり）はいくつもの企業にわたるが、単純化のためA社（建設会社）で代表させよう。A社はそのうち一〇%を内部留保として貯蓄し、他は新たな仕事のために消費する。トラックを買ったり砂利を買ったり労働者を雇ったり（すなわち労働力を買ったり）して、九〇〇〇億円払うわけである。この行き先はいくつもに分かれるが、ここでも単純化のためB社（自動車会社）で代表させよう。B社もまたその一〇％の九〇〇億円を貯蓄して残りの八一〇〇億円を消費する。すなわち鉄鋼会社やゴム会社や労働者などに支払うわけで、これらの会社や社員はその分の所得増になり、この流れはまだまだ続く。ということは一兆円の投資は総額でどれだけの消費（すなわち有効需要）を生み出すか。第一図に示したように、十兆円になる。税率が一〇％だとしても政府の増収は一兆円であるから、投資分はちょうど取り戻すことになる。投資に対する消費総量の割合を乗数という。この場合は十である。一般的に考えよう。この割合を決めるのは、所得増に対する消費増の割合であり、上ではそれを九〇％すなわち〇・九と設定していた。所得（Y）に対する消費（C）の割合は消費性向（C／Y）であるが、この場合は所得増（⊿Y）に対する消費増（⊿C）の割合であって、限界消費性向（α＝⊿C／⊿Y）と言われる。乗数（k）は初項を一とし公比をαとする無限等比級数の和で示されるから、k＝1／（1－α）である。上にはαが〇・九で計算したが、〇・八、〇・七、〇・六、〇・五の場合のkの値を第一図で示した。限界消費傾向が減るほど乗数も減り、半分しか消費しないと投資額の二倍の消費増にとどまることがわかる。逆に言えば溜め込むだけでなくて限界消費性向を高めれば投資の効果が大きくなる。（乗数理論の上の説明はよくある解説をほぼなぞっているが、「ケインズ派」ならぬケインズそのものの理論には不正確という説もある。詳しくは文献④の第三章第二節参照。）

4　利子の一般理論

ここでもまず古典理論から考えてみよう。私達がまず思い浮かべるのは、利子とは金を預けた（つまり貸した）人が受け取る利得である。この利得はなぜ生じるのか。借りた人が増やしたからである。（どのように増やせるのか。この問いに対して俗流経済学はごまかしを行う。ケインズ経済学は積極的にごまかしは行わないにしても、マルクス経済学とは違って、この点にはあまり関心を持たないようだ。ここではそれはおいておき、とにかく増えるという事実はあるが、これは利子が払える条件であるが、払う必然性まで説明していないことに注目しよう。）借りた分を返すのは当然だが、なぜそのうえ利子を払わなければならないのか。そうでなければ貸す人はめったにいないから、というのはいちおうもっともだが、十分な答えではない。つまり純粋な好意で貸す人以外は、利子をめあてに貸すのだが、なぜそれを求めることができるのかを問題にしているのである。人が利得を得られる（のが正当である）のは、何かを犠牲にするからである。つまり利子は犠牲にするものの対価（代価）である。では何の対価か。お金を自分が使って消費することを犠牲にしているのであり、つまり節約の対価であると、古典派は答える。ではその価格はどのように決まるか。古典派は雇用について労働力という商品の売買として、賃金をその商品の価格として考えたが、ここでは金の貸し借りとは金融商品（たとえば債券）の売買として、利子はその価格として考える。そして商品の価格は需給の量によって変動する。債券を売りたい（金を借りたい）という人が多ければ利子は高く、逆なら利子は低い、と（需給が均衡しているときの利率は何に規定されるのかがより本質的でその問題が残っているように思うがこれもおいておく）。そして労働力商品（雇用市場）においてそう考えたように、これは売り手と買い手が自分の「自己愛」で売るか買うかを決める金融市場であって、まさにそのため（自分の損得勘定で）需給を調節することを通じておのずから均衡に向かうから、外から介入して価格を（すなわち利率を）上げようとか下げようとかする必要はなく、むしろ「神の見えざる手」に逆らわず自由放任すべきだと主張するのである。

ケインズはそもそも利子を節約の対価とするのは間違いと断ずる。いわゆるたんす預金、銀行でなく自宅の金庫に金を置いておくのは、消費の節約であるが、利子はつかない。利子は、「現金で持っていることの利便」を手放すことの対価であるとする。この利便を「**流動性**」というが、これは金融商品と異なりａ）価値の安定性があることと、ｂ）いつでも好きなときに商品と交換可能であることである。債券の購入や預金を以下「投資」ということにしよう。ケインズでは「投資するか、しないで現金のままで持つか」という選択を重視する。古典理論ではここを考慮しないので、事実上「貯蓄＝投資」という前提で考えていることになる。確かにこれは現実的ではない。そしてケインズは、流動性と投資のどちらを選好するかは利率の将来の変動の予測によるとする。この**流動性選好理論**を例で示そう。

利率が年五％の確定利息付債券Aがあるとする。これを百万円買えば、一年後に五万円の利得がある。ところで直後に年利六％の債券Bが売り出されたとしよう。Bを買って一年後にやはり五万円の利得を得るためには、約八三万円でよい。もしAを買った人が一年後に自分の債券を売ろうとしても、百万円では買い手がつかない。Bを買ったほうが得だからである。それでもどうしてもAを売りたければ、（一年後に同じ五万円の利得を得るためにBを買う場合の資金である）約八三万円以下にする必要がある。このとき額面百万円の債券Aの一年後の時価は約八三万円に下がったことになる。債券において、一般に利率が上がれば時価は下がる。この場合、結果論から言えば、Aを買わずにBを買う選択が得になったことは自明であるが、注目すべきは、そもそも債券を買わずに現金のまま持っていても、Aを買うより得であった、ということである。なぜならAを買った人が一年後に清算するならば、債券売却の八三万と利息の五万を合わせた八八万円を得る。だが（Bを百万買えば一〇六万得るが、）何も買わずに現金で持っていても一年後はやはり百万円持つことになり、八八万より多いからである。今は結果論として言ったが、もしこの人がこのことを予想するならば、Aを買わないであろう。少なくともBが現実に売りに出る前の時点においては現金で持つことを選ぶ、すなわち流動性を選好するであろう。つまり一般に、利率が将来上がると予想されるほど流動性選好は大きくなる。もっと緻密に考えてみよう。債権において「利率が上がれば時価は下がる」と述べたが、利率の上がり幅が大きいほど時価の下がり幅も大きい。債券の年利が五％から五・一％に上がる程度なら、時価の下がり幅は（六％に上がった場合と比べて）ずっと小さく、これを買うのは何もかわずに現金で持っているよりは得である。つまり将来の利率上昇が予想されれば常に流動性が選考されるわけではなく、それを超えるとそうなるという分岐点がある。どこに分岐点があるかは現在の年利による。現在が五％だとすれば、分岐点は五・二五％である。なぜなら年利五・

二五％で五万円の利得を得るには九五万円の投資が必要なので、九五万＋五万でちょうど一〇〇万になり、一〇〇万円を現金で持ち続けるのと同じ結果になるからである。現在の年利が異なる場合、この分岐点がどうなるかを第二表で示した。現在が二％なら二・〇四％、現在が三％なら三・〇九％、現在が八％なら八・六四％、現在が一〇％なら一一％となり、現在の利率が高いほど、分岐点との差は大きくなる。ところがこの差は大きいほど、それだけの上昇は起こりにくいと予想される。いま二％なら、わずか〇・〇四％の上昇は起こると予想する人は多いが、いま年利一〇％で一年以内に一％上昇すると予想する人は少ないだろう。ということは（前の下線部を裏から考えればそうなるように）流動性選好は小さくなる。これは債券を売って現金を得ようとする人より現金を出して債券を買おうとする人が多いということである（強気相場）。需要が供給を上回るわけだから商品、この場合は債券の価格（時価）は上がる。ところで債券時価が上がるとその実質利回りは下がる。先ほどの例で考えよう。いま額面九五万円の債券が一年後に五万円の利息を約束されているならば、利率は五・二五％である。この債券への需要が増して時価一〇〇万円になったとしたら、一〇〇万に対して五万、つまり実際の利回りは五％に下がったことになる。さて、利率が下がると今度は流動性選好が大きくなるということであった。現金を持っていればそれを持ち続け、債券を持っていればそれを売って現金にしたいという人が増える、ということである。売ろうとする人が買おうとする人よりも多い、つまり供給過剰ないし「弱気相場」だと商品、この場合は債券の価格（時価）は下がることになる。このようにケインズの理論において、利率は流動性選好の変化に伴って上下する。

この理論において注意すべきことは、第一に、当事者たちの主観に依存して均衡価格が決まるということである。利率がはたして、またどれくらい上がるかという予想によって、彼等は債券の売買を決める。予想は人さまざまであるから、一つの所与に対して「売り」と思う者も「買い」という者もいる。（まただからこそ売買が成り立つ。）客観的に「正しい」価格や利率があるわけではない。第二に、将来の予想によって現状が決まるということである。現状の認識があれば将来の（「正しい」）予想が可能になるということではない。第三に、ここで問題にされているのは関係性ないし相対性であるということである。たとえば上の例で年利二％を流動性選好が大きいといっても、たとえば年利一〇％の場合に比べてであって、二％なら絶対に弱気相場になるというわけではない。また年利五％が債券の需給が均衡する年利であると言っているわけではなく、どの利率でも均衡になる可能性がある。したがっていまある利率で均衡が成り立っていても、それを外から動かして異なる利率で均衡を成り立たせることもできる。たとえば貨幣の供給総量を増やす場合である。（個々の当事者としては所得増が予想される場合と考えよう。）消費またはその準備のための貨幣も増えようが、投資も増えよう。すなわち債券の需要が増え、利率は下がるであろう。この理屈は政策的に利用できる。景気対策に利率を下げたいとする。そのためには貨幣流通量を増やせばよい。そのためには、中央銀行が国債を買えばよい（「買いオペ」）。政府による景気対策として、前節では公共投資による雇用創出を挙げたが、このような金融政策も可能である。古典理論では所得が一定という前提における利子論であった。ケインズは所得が変化する場合も含めた利子の一般理論をめざしている。

一般的には景気刺激には利率を下げようとするが、低利がすべての人にとって得とは限らない。金利生活者には損である。しかしそれでもよいとケインズは考えた。当時のイギリスにおいて、金利生活者の中心は貴族である。生産活動に能動的に参加せず、先祖から受け継いだ多額の資産を預金しておけば、利子だけで生活できるような階級は、経済活性化の妨げである。利率が低下すればそのような金利生活はできにくくなるが、そうすることでそのような階級は「安楽死」させたほうがよいと考えたのである。これは学問的な真偽の問題でなく、彼の価値観の問題である。

5　貨幣の一般理論

古典理論においては、貯蓄と投資が事実上等置され、消費との二者択一で考えられていた。これは古典理論が貨幣の意義として、ａ交換手段とｂ価値尺度の二つしか考慮しなかったことを意味する。これに対してケインズは貨幣にｃ価値保存の機能もあるとするところから、流動性を選考して現金のまま保持するか、投資して、すなわち債券という金融商品を購入する手段として用いるかの選択を位置づけたのである。ケインズ経済学は、貨幣にａ・ｂの機能だけを考えるのでなく、ｃの機能も含めて考察する貨幣の一般理論をめざしている。（現在の経済学の教科書は、ケインズ派と否とを問わず、貨幣にこの三機能を認める。）

6　ケインズ政策と修正資本主義

具体的な景気対策としてのケインズ政策とされるのは、ａ）公共投資による有効需要の増加、ｂ）利率を下げるという金融緩和、ｃ）そして累進税や社会保障により消費性向の増加、の三種類が挙げられる。ケインズ政策の採用として最も有名なのが、世界恐慌（一九二九）後のアメリカにおける**「ニューディール政策」**（一九三三―）である。これはダム建設などａ）を中心とするものであった。（昭和恐慌後の高橋是清蔵相の政策は、結果論としてはこれに先立つケインズ政策とも言われる。）これが成果を挙げたと考えられ、第二次大戦後、資本主義国で取り入れられるようになった。ワイマール憲法以後「生存権」が認められるようになったことや、社会民主主義政党の政権で「福祉国家」が追求されるようになったことも、これと関連している。前述のように、ケインズは社会主義思想にもイギリス労働党にも賛成ではなかったのだが、政府による市場介入を肯定するという点では重なったのである。大きく言えば、もはや「自由放任」的資本主義は存続できなくなったのである。こうして、二十世紀後半以降の「西側先進国」は、多かれ少なかれ、ケインズ政策や社会民主主義を取り入れた**修正資本主義**に変わった。

五〇～六〇年代はケインズ理論とケインズ政策の黄金時代であった。七〇年代にかげりが現れ、アメリカでも「左右」からの批判が強くなった。八〇年代にはその「右」からの対抗である「新自由主義」が幅を利かせるようになり、これは「反ケインズ革命」とも「ケインズは死んだ」とも言われた。しかし二〇〇八年のリーマン・ショックで今度は新自由主義の終わりの始まりとも言われ、いまや防戦におわれている。

私は、原理的なケインズ派（ケインジアン）ではないが、ケインズが古典理論をいろいろ発展させたことは認めたい。またケインズ政策が、（万能でも常に最善でもないにせよ）もっともな点も少なからず持つことを認めたい。八〇年代以降の新自由主義の政策的勝利は、純理論的なケインズ経済学に対する優位を示すものではないと考える（第四章参照）。ケインズ政策の、時代状況に応じた発展的応用と、そもそも根本原理においてよいところとよくないところの検討が必要と考えるが、それは本章を超える。

文献案内

① ケインズ『雇用、利子および貨幣の一般理論』間宮陽介訳、岩波文庫（上下）、二〇〇九。（難しい。入門書・解説書で大枠はつかんでからの挑戦となろう。また安い古本があってもこれより前の訳本は勧めない。）

②『世界の名著、57、ケインズ　ハロッド』中央公論社、一九七一。（この中のケインズの著作は読めるはず。7編所収だが、「自由放任の終焉」「繁栄への道」などは彼の思想全体をつかむのに有益。）

③ 伊東光晴『ケインズ』岩波新書、一九六二。（本章はこれに最も依拠している。）

④ 同『現代に生きるケインズ』岩波新書、二〇〇六。

⑤ 同『人類の知的遺産、70、ケインズ』講談社、一九八三。

⑥ 浅野栄一『ケインズ一般理論入門』有斐閣新書、一九七六。

⑦ 間宮陽介『ケインズとハイエク』ちくま学芸文庫、増補版二〇〇六。
⑧ 宇沢弘文『ケインズ『一般理論』を読む』岩波書店、一九八四。
⑨ 置塩信雄『近代経済学批判』有斐閣双書、一九七六。
⑩ 根井雅弘『「ケインズ革命」の群像』中公新書、一九九一。

第1図

	1兆		9000億		8100億		所得
政　府 ⇒		A社	⇒	B社	⇒	C社 …	
		1000億		900億		810億	貯蓄

所得増　$1+\frac{9}{10}+\left(\frac{9}{10}\right)^2+\cdots=10$ (兆)

$$(\mathrm{cf.}\ P+PQ+PQ^2+\cdots=P\frac{1}{1-Q})$$

第1表

α	0.9	0.8	0.7	0.6	0.5
k	10	5	3.3	2.5	2

第2表

x（現在の利率 %）	2	3	4	5	10
y（それ以上だと現金が得になる利率%）	2.04	3.09	4.16	5.25	11

第二節　冷戦期「西側」の経済社会

1

一九四五年に第二次世界大戦が終わった。ここからの約半世紀の世界は「東西冷戦時代」と呼ばれる。これは以下の三つを意味する。①第二次大戦に勝利した「連合国」のうち、アメリカ合州国（以下「アメリカ」または「米国」と略）とソヴィエト連邦（以下「ソ連」）が世界の中心的な国になった。②他の諸国の多くはこのどちらかを領袖とする軍事同盟にはいり、こうして世界全体が米国を中心とする「西側」とソ連を中心とする「東側」に分かれることになった。③米ソ両国は直接戦争する危機は回避しながらも基本的に対立した。ドイツ、中国、朝鮮、ヴェトナムは二つの国家に分かれてそれぞれがこの「東西両陣営」の一方に属し、前の二つは戦争の危機があり、後の二つは戦争になり、他の新興国でも米ソの「代理戦争」があった。本章はこの「西側」、すなわち米・西欧の冷戦期の経済社会を概観するものである。日本について詳しくは、この「入門　経済学」の第二部に位置づける、「戦後日本国民の歩みと経済」を参照されたい。

一九四四年、勝利がみえだした四四の連合国は、米国のブレトンウッズに集まった。大戦後の経済協力の枠組みをつくるためであった。その決定によってつくられた枠組みを「ブレトンウッズ体制」という。

その第一は、**国際通貨基金（IMF）**の創設である。掲げられた目的は国際的な通貨の安定である。

具体的内容として重要なのは二つある。一つは、金（きん）と兌換できる米ドル（1オンスの金＝35ドル）を基軸通貨とするということである。基軸通貨というのは貿易などのときに使われる切り札的な通貨のことである。たとえば日本とメキシコが貿易を行うとき、使われる通貨は円やペソでなくドルであることが多い。もう一つは、この米ドルと加盟国の通貨との間で固定為替相場制をとるということである。為替相場とは通貨の交換の割合のことであった。これが日々に変わる変動相場だと、長期的な取引の場合には相場の変動によって思わぬ損失を受ける恐れがある（これを為替リスクという）。これは活発な貿易を妨げる要因である。それに対し、たとえば一ドルが今日も一月後も半年後も三六〇円であるということになると、そのような心配なしに契約を結ぶことができる。ところでドルは金といつでも交換できることによって価値が保証されている。そのドルといつも同じ割合で交換できることで、他の加入国の通貨の価値も安定することになる。つまりこれは米ドルを中心に各国の通貨を安定させ、それによって貿易も盛んにする仕組みである。それを可能にしたのは、当時アメリカが大量の金を保有していたということであり、それをもっと大きく言うと、当時の世界経済においてアメリカが圧倒的な覇権を得ていたということである。ドイツや日本は敗戦国であり、がれきや焼け野原の状態であった。ソ連は戦勝国であったが、実は第二次大戦で人的物的に最大の損害を受けたのはソ連であった。ナチス・ドイツに深く攻め込まれ荒らされ、戦死だけでなく都市の攻囲による餓死者なども数多かった。戦後東欧諸国を衛星国化し、一九五〇年には中国とも同盟を結んで政治的には一方の旗頭となったが、経済的にはアメリカにだいぶ遅れた状態で戦後を迎えた。フランスは早くに敗北し、国の大部分は傀儡政権の下におかれていた。イギリスは占領こそされなかったが、空襲などでやはり被害は大きかった。といったわけで、終戦直後は経済的にはアメリカの一人勝ち状態であった。よってこの「基金」の最大の出資国は無論アメリカである。運営は加盟国の協議によるが、一国一票ではない。株主総会と同じで、出資額に比例する。ところで重要な決定は八五％の賛成が必要とされたので、これは事実上アメリカに拒否権があることを意味する。つまり別の言い方をすれば、ＩＭＦとは、米が世界経済を統制する仕組みでもある。またこの会議はこの基金と連動して、国際復興開発銀行（ＩＢＲＤ）を設立した。

2

一九四六年、イギリスのアトリー内閣（労働党）は「国民保険法」を成立させた。これは、失業、医療、退職などを含み、「ゆりかごから墓場まで」の国民生活を政府が保障しようというものであった。これは、政府の仕事を国防や治安に限定する「夜警国家」の思想をやめたもので、これ以後のイギリス（サッチャー「改革」まで）は北欧諸国とともに「**福祉国家**」の代表とされるようになった。その財政的基盤として、産業の二割が有償で国有化された。つまりイギリス労働党の社会民主主義政策の一環でもあった。このような体制は他の西側先進国にも広がり、「**修正資本主義**」とも言われる。その特徴は三つの要素に分けられる。第一は、私有権を絶対視せず基幹産業の一部を国有化したり労働者代表を経営参加させたりする社会民主主義的要素である。第二は、政府が経済にも介入して恐慌を防ごうとするケインズ政策の要素である。第三は、ワイマール憲法に規定された「生存権」の制度的実現を図る福祉政策の要素である。

修正資本主義が生まれた要因は次の三つが考えられる。一つは、世界恐慌とファシズムによって、古典的資本主義の行き詰まりがはっきりしたことである。一つは、階級闘争が激しくなり、いくつかの「西側」諸国では社会民主主義政党が政権にかかわるようになったことである。一つは、反資本主義を標榜するソ連を中心とする「東側」諸国の影響を抑えるため、「西側」支配層も自国の労働者の条件をよくする必要があったことである。

3

一九四七年、アメリカは**「マーシャル・プラン」**を発表した。これは欧州諸国復興のための資金援助であり、マーシャルは当時の米国務長官の名である。一九五一年まで行われたこの援助の狙いは二つある。一つは、この地域が復興することで米国商品の購買も増えるなど、米国の市場拡大である。もう一つは、ソ連との対抗である。第三国がソ連の援助を受けることで経済的政治的に「東側」に組み入れられることの防止である。

アメリカは日本に対しても同様な政策を行った。占領地域への経済対策として設けられたガリオア資金・エロア資金から対日援助として一九四六―五一年度に、一八億ドル以上を拠出した。中心的な中身は、「脱脂粉乳」と「雑穀類」の学校給食などへの供給である。これはアメリカでは家畜の飼料用であり、脱脂粉乳はまずかったとか、飲めずにそのまま下水に流したなどの回想を、私は聞いたものである。すなわちこれは純粋な善意からでなく、①善意の見せかけ、②余剰肥料の活用、③マーシャルプランと同じ、「東側」への対抗、④将来の市場開拓への布石、でなされたものである。④を説明すると、こどものときから「パンと牛乳」に習慣づけることで、これらからの日本人に洋食（副食としては肉が重要になる）を広め、米国の畜産物（あるいは日本の畜産にしてもその肥料としてのトウモロコシや大豆）を売り込もうということである。「アメリカン・ライフ」に憧れさせられた戦後日本の庶民は、いやというほどステーキを食うのが夢の一つだった。日本食のほうが健康的であることは今日では明らかになっている。それでも欠食児童もいた終戦食後にこうした援助が役立ちもしたことは認めよう。ひどいのは、はじめ「無償援助」と言いながら、突如「返済」を要求したことである。日本政府はこれに応じて一九六二年にライシャワー大使との間で返済協定を調印し、七三年に前倒しで完済した。二一世紀になっても、外務省のホームページのサイトでは、しかしこれに感謝する文が載せられている。

4

一九四七年、「関税及び貿易に関する一般協定」（GATT：ガット）が締結された。**自由貿易**の推進を図るものである。それはなぜか。建前、あるいは教科書的な「答」としては、「ブロック経済が大戦の要因になったという反省から」、あるいは「自由貿易こそが世界の繁栄と平和をもたらすという理解から」となろう。しかしこれは虚偽とは言わないまでも、かなりの我田引水を含んでいる。第一に、「ブロック経済を軍事力を使っても打破しようとした」枢軸諸国の行動が大戦を起こしたとは言える。ブロック経済への対策は戦争だけではない。というより、ブロック経済打破という目的がよいとしても、戦争という手段は正当化されない。さもなければ、経済制裁などはより強い理由で、制裁される国からの軍事行動をひきおこすからよくない、という論理になってしまう。現在の教科書でもしばしば「比較優位説」として自由貿易が「正しい」または「よい」と書かれているが、これは科学的真理でなくイデオロギーである。自由貿易は経済力の強い国に、そして経済力の強い産業に有利な政策であるにすぎない。強国や強い産業は、したがってこれを押し付けようとする傾向があり、貿易のために戦争が抑止されることも確かにあるが、貿易のために戦争がひきおこされることもある。自由貿易の要求は時に武力による威嚇（駐日米公使ハリスによる通商条約押し付けなど）や武力の行使（イギリスによるアヘン戦争など）もいとわない。ＧＡＴＴの場合はそこまではいかなかった。それだけに相対的に「弱い」国や産業への配慮が例外規定としていろいろあり、そこからも逆にこれが世界平和がどうのというきれいごとの下に経済利益をめぐる力関係の産物であることがわかる。①条件付きの農業の輸出入制限。②輸出入補助金。③国際収支悪化を避けるための条件付き輸入数量制限。④緊急輸入制限（セーフガード）。――これらが容認されており、要するにＧＡＴＴにはいれば即自由貿易というわけではないが、しかし自由貿易に向かって政策努力をする責務を生じることになるということである。

5

ＧＡＴＴ加盟は自由貿易の実施でなく、そこに向けての努力を規定したものであるから、その具体的な政策決定は、加盟国全体の「多角的貿易交渉」でなされることになった。これはそれぞれ数年の期間で行われ、開催地などの名をつけた「ラウンド」と称される。「ケネディ・ラウンド」（一九六四―六七）では、すべての工業品の関税を平均三五％一括して引き下げることが決まった。東京ラウンド（一九七三―七九）では、関税引き下げが、鉱工業製品の平均三三％、さらに農産物についても四一％の引き下げが決まった。日本は牛肉・オレンジなどで米などに譲歩するようになり、国内の農家・畜産家には厳しい状況になっていった。ウルグアイ・ラウンド（一九八六―九三）では、先進国の鉱工業の関税は平均約四〇％引き下げのほか、農産物の「例外なき関税化」(つまり禁輸や数量制限は原則なくすということ) が合意され、知的所有権の問題についてもはじめて話し合われた。九三年以降、日本は余剰のあるコメについても毎年輸入を義務付けられることになった。

6

一九六〇年代、アメリカは国際収支が次第に悪化して赤字に転じた。大きな理由は二つある。一つはヴェトナム侵略戦争に介入し、「泥沼」状況になったことである（敗北し75年に完全撤退)。これは米国自体からの要因である。もう一つは、他の諸国の復興である。イギリス、フランスなどはもとより、敗戦国のドイツや日本も復興だけでなく大きな経済発展も遂げた。国際収支は相対的な指標であるから、他国の経済発展は、米国経済の国際的な位置を相対的に低めることになる。これは通貨のうえではドルの信認が弱くなることであるから、ドルを兌換する者が増え、つまり米中央銀行としては金の流出を被ることになる。このため、ニクソン米大統領が一九七一年にこの兌換を停止した。「ブレトン・ウッズ体制」の一角が崩れ始めたことを意味する。続いて米国は他の諸国と「スミソニアン協定」を締結し、金に対するドルを切り下げ、日本は二十年間一ドル三六〇円に保ってきたドルに対する円のレートを切り上げ一ドルを三〇八円にした。円高になることは輸出に不利である。（一〇〇ドルあれば今までは三六〇〇〇円の日本商品を変えた米国人が、今度は三〇八〇〇円の日本商品しか買えないことになり、つまり米国人にとっては日本商品は値上がりしたことになる。）戦後日本経済にとって大きな軸であった対米輸出に不利となる出来事であり、**ドル・ショック**またはニクソン・ショックと言われた。アメリカのほうではこのような政策によっても事情は好転せず、一九七三年にはついに固定相場制を放棄して変動相場制に移行した。

7

一九八〇年代のアメリカでは、レーガン大統領（一九八〇―八八）による新自由主義政策が行われた。イギリスのサッチャー首相による「サッチャリズム」に継ぐ「レーガノミックス」と呼ばれる。これによってアメリカは貿易に加えて財政も赤字になる「双子の赤字」になった。「小さな政府」を教条とする新自由主義は減税をとり、他方ソ連を「悪の帝国」として軍拡をとるので、財政収支も赤字にならざるを得ない。そこで行われたのが一九八五年の「**プラザ合意**」である。合意したのは、「先進五か国・蔵相・中央銀行総裁会議」（G5）である。これは「先進国首脳会議」（サミット、現在は「主要国首脳会議」）の経済版であり、それまでも開かれていたが、サミットと比べ実務的で目立つものではなかった。しかしこの年のそれは重要な決定を行い、会場となったニューヨークのホテルの名をとってそうよばれるようになった。合意の内容は、ドル安に向けての参加諸国の為替への協調介入である。つまりアメリカとしては貿易赤字解消のためにドルを安くしたい。しかし為替相場というものは相手国との関係で決まる相対的なものであるから、アメリカだけでは効果が薄い。よって各国が同じ方向性で政策介入するという約束である。政府による為替市場への介入は、市場こそが正しいと言う彼等のいつもの教条には矛盾するようだが、新自由主義とはもともと理論より政策優先、はっきり言えば強者のイデオロギーであることがここでも露わである。日本としては円高にするということになり、強烈な「円高不況」に襲われた。しかしイデオロギーは同じでも「国益」は対立するわけで、日本政府（首相は中曽根康弘、G5に出たのは竹下蔵相と前川日銀総裁）はなぜこれを受け入れたのか。円高の勢いが想定外だったとは言えるが、それだけではない。アメリカとしては、もし受け入れずにアメリカが駄目になったら諸君もダメになるがそれでいいのか、と開き直ったのである。ちなみにEU形成の大きな動機の一つはここにある。このときアメリカの尻ぬぐいをさせられたのはたとえば西ドイツも同じだが、それを教訓としたのである。西独だけではできないが、EU単位では、通貨の力からも経済圏の大きさからも、米の言いなりにならずにすむ。ＥＵは単に便利だという理由でつくられたのではない。ということは、日本でも東アジア共同体つくりに向けた協力体制を進めることが必要だったのである。反米に転じろということではない（ＥＵが反米でないように）。アジアに仲間を持つということが、対米で少しは独立性を持てるということである。日本政府にはそのような気概も戦略もないことを見越したアメリカは、その後も際限なく日本支配を強めた。低金利だけでなく、「内需拡大」の名で、大型の公共事業も求めた。現在に至る財政危機の原因の一端でもある。八八年にはスーパー三〇一条を日本に対して発動し輸入制限させた。八九年からの「日米構造協議」は「協議」というのは日本側での呼称だけで、法律を変えろとか行政を変えろとか、アメリカ側の一方的な要求を飲まされることの「構造」化となった。九三年のクリントン大統領と宮沢首相の会談では、「年次改革要望書」が出されることが決まった（この問題に関しては、関岡英之『拒否できない日本――アメリカの日本改造が進んでいる――』文春新書、二〇〇四、参照）。九四年に出た最初の「要望書」は、各産業分野への「要望」のほか、規制緩和や行政改革、審議会行政や情報公開、独禁法と公取委、入札制度や業界慣行、民事訴訟制度など、経済だけでなく行政から司法まで数多くの要求を列挙したもので、もはや「外圧」というより植民地扱いが歴然としている。日本政府はこれらの「要望」を各省庁に下ろし、これに沿って法令や制度が変えられていく。日米の当局者は定期的な点検会合をひらき、実現具合についてアメリカが監視できる仕組みになっており、これに基づいて翌年米通商代表部は「外国貿易障壁報告書」を議会に提出する。二一世紀にはいってからの「要望書」では、電源開発の「民営化」やＮＴＴへの独禁法適用要求、郵政公社の「民営化」計画に外資系保険会社にも意見を言わせろなどの事項がある。言うまでもなく、小泉純一郎政権の「郵政民営化」の時期である。

8

一九九五年、GATTは**世界貿易機関（WTO）**に発展的解消した。「発展的」というのは、単なる自由貿易だけでなく、規制緩和とグローバル・スタンダードの推進も目的としたからである。これによってWTOは新自由主義の大きな推進役になった。しかしその弊害も次第に明瞭になって反グローバリズム運動も強まり、シアトルの閣僚会議は混乱のうちに終わった。二〇〇一年に始まったドーハ・ラウンドは〇六年に一時凍結し、〇八年に農業・鉱工業で決裂してついて妥結せずに幕を閉じた。

こうしたなかで新自由主義勢力が活路をみいだそうとしているのは、地域版のグローバリズムである。**環太平洋経済連携協定（TPP）**の構想もその一つである。

第四章　新自由主義

一　本章の課題と方法

二〇〇八年は新自由主義の「終わりの始まり」の年として記憶されることになるかもしれない。その直接で最大の契機としては、「リーマン・ショック」が挙げられよう。しかし〇七年からの「サブプライム・ショック」にその始まりをみることも可能であろう。日本に焦点をあてれば、さらにその前の〇六年には、「構造改革」路線が「格差社会」を生んだという批判が表面化し、退場したばかりの小泉政権の政策を継承するのか見直すのかが問われるようになり、ここに転換点をみることもできる。小泉時代にこの政策の旗振り役を勤めた一人の中谷巌氏が「懺悔」本を出すなど、いずれにせよこの数年は新自由主義批判の声は大きい。しかし他方で現在の恐慌は新自由主義の必然的帰結ではないとし、新自由主義を擁護する、またはさらなる推進を求める声もある。すなわち金融を中心とする現代の経済危機は経験的事実であるが、それが「新自由主義」というものの産物と言えるかどうかには理論的検討が必要である。また「新自由主義」は厚みを持った思想的・理論的な体系であるから、一時的な経済政策のようなものでなく、一時の「成功・失敗」で簡単に評価されるものでもない。仮にその大枠を変えずに経済危機が克服されても「だからそれはよい」と言えるかどうかは別問題である。またもしそれが「悪い」ものであるなら、なぜそれがいままで採用されたかを考えなければならない。これは批判者の側により大きな「説明責任」が課される問題である。

私自身は、新自由主義は「悪い」とするのが直感的な立場である。ではそれはなぜ「悪い」と言えるのかを、「よい」とする立場をできるだけ理論的に批判しながら示すことが求められる。無論理論的誠実さからは、これは直感を不動の前提としてではなく、それ自体覆され得る吟味として行われるのでなければならない。また新自由主義はここ数年の経済状況から結果論的に単純に評価され得ないだけでなく、それ自体の内的構造や論点をほぐしていかなければならない。この二重の意味において、私は「批判的」観点をとるものの、批判そのものというより、どこに問題点があるか、またどのように批判し得るかの指摘にとどまるところもあろう。そこで本章は新自由主義の十全な批判というより、私にとっての（うまくいけば同様な関心を持つ読者にとってもまた）問題の整理をめざすものである。

二　新自由主義の基本的性格と構成要素

いきなり新自由主義の定義または本質規定を与えることは難しい。そこでまずはその基本的な特徴を挙げてみたい。

まずそれは「市場主義」ないし「市場原理主義」と言われる。支持者の標語としては、「民間（私企業）でできることはできるだけ民間に任せる（べき）」という。これを裏からいえば「小さな政府（がよい）」である。「小さな政府」とは政府の機能をできるだけ少なくすることであるから、それは公企業を私有化（支持者側の用語では「民営化」）することや、政府による規制を撤廃または緩和することを意味する。以上が新自由主義のいわば主な「要求」である。

逆に新自由主義が反対するものは何か。「大きな政府」ということになるが、それは政府が市場に介入することを意味する。これにはいろいろな場合が考えられるが、五つの観点に分析可能であろう。①「福祉国家」論。国家の目的を治安や防衛だけでなく、国民の福祉にもおき、そのために政府が積極的な福祉政策を行うことを要求する。②ケインズ政策。福祉を上位の価値として、市場機構を否定しないがそのために制約されてよいとする。景気対策のために政府が市場に介入することを要求する。これも市場機構を否定しないが、「市場まかせほどよい」でなく、政府の介入なしでは市場機構自体が崩壊するとみなす。③社会主義。市場原理を原理的に否定するもの。④「混合経済」論。市場機構に基づく資本主義に原理的な欠陥があることを認めつつ、原理的な社会主義もよしとせず、両者の要素を「適度に」取り入れることで最適の制度ができるとする説。（①や②と重なる場合もある）⑤ファシズム。ふつう市場機構を正面から否定はしないが、より上位の価値（国家、人種、民族など）を持ってそれによって制約されて（統制経済面が強くなっても）よいとする。

次に新自由主義を構成する要素を整理してみたい。Ⅰ思想としては、①経済学、②経済政策、③社会思想、④人間観、とでもなろうか。それぞれにおいて問われることは次のようになろう。①ではまず、経済現象の説明として客観的妥当性があるのか、である。また従来の経済学、あるいは対抗するケインズ経済学やマルクス経済学を反駁し得ているのか、少なくともよりすぐれた理論であり得るのか、も問われよう。②ではその政策が誰にどのような経済的利益（損害）をもたらすのかということである。③はそれがどのような経済観・政治観と結びついているのか、④はそれがどのような人間観（価値観・倫理思想）と結びついているのか、である。さらに①―④の諸要素がどのように結びついているのか、どれが本源的でどれが派生的なのか、といった問題もある。これは新自由主義思想の構造の問題といえよう。

新自由主義は（「民主主義」や「修正資本主義」同様）思想であるとともに現実（の一部）でもある。そこでⅡ現実としては、新自由主義的な①経済（社会）状況、と②人間類型、としてそれぞれ考察できよう。

以上の論理としては、ここでⅠとⅡの関係をたてることができようが、それはむしろ新自由主義の歴史の問題として考えるほうが適切であろう。

三　新自由主義の略史

「新自由主義」の始まりは、ハイエクの『隷従への道』発行（一九四四年）とモンペルラン協会の創設（一九四七年）に求められよう。前者は新自由主義の綱領的文書とみなせるし、後者（注　創設大会の出席者にはハイエク、フリードマン、ポパー等三六人、以後ほぼ隔年で大会が開催されている）によって学派または思想集団としての新自由主義がはじまったとみなせるからである。それから六十年以上がたっており、新自由主義も歴史を持ち、いくつかの段階を経ているといえよう。

第一はむろん出現期である。その契機は何か。先に新自由主義が「敵」とするものを挙げたが、その出現ないし台頭への反動ないし危機感であろう。まずはロシア革命（一九一七）以来「社会主義」が思想や運動としてだけでなく現実の社会体制としても現れだしてきた。第二にファシズムもイタリア（一九二二）やドイツ（一九三三）で政権を獲得した。第三にアメリカでは世界恐慌（一九二九）後の「ニューディール政策」により「大きな政府」への転換があった。第四にイギリスでも労働党の政権入り等を通じて「自由放任」から社会民主主義的「福祉国家論」への動きが始まった。これらすべてに新自由主義は反対であり、したがってそれを批判する必要を感じていた。ところで上の四つは複雑な影響や対抗の関係を持っており、それをどうとらえるかは論者で意見が分かれる。『隷従への道』はこのとらえ方に関するハイエクの考えを述べることが、大きな目的となっている。そこで検討すべき課題は、新自由主義の本来の狙いあるいは主張の妥当性ということになろう。ただしこのように登場した新自由主義は、六〇年代まで少数派であった。思想界でも、経済学でも、経済政策の現場でも、大きな影響は持たなかった。

一九七〇年代は新自由主義の第二段階と言えるかもしれない。それを示すものは、まず学界での復権ないし台頭である。一九七四年にはハイエクが、一九七六年にはフリードマンがノーベル経済学賞を受賞した。私はこの二人が新自由主義の代表者と言ってよいのではないかと思う。以後「シカゴ学派」とも呼ばれるその潮流の学者たちの受賞が続く。ただし、経済学賞は他の部門と違い一九六八年に銀行の拠出金で始まり存在やあり方に異論もあること、また受賞者は以後推薦者に加わるので弟子筋が受賞しやすくなることを考慮する必要がある。つまりノーベル経済学賞受賞は、純粋に学問的な評価とは言いがたい面もあるが、経済学界における潮目の変化を示すものであるとは言えよう。ではこの変化の契機は何なのか。そこで逆に問えばそれまで脚光を浴びていたのは何かと言えばケインズ経済学であろう。それゆえ変化の契機を一言で言えば、ケインズ政策の危機であるということになろう。こうしてここで検討すべき課題は、ではケインズ政策の危機の原因は何か、それはケインズ理論そのものの間違いまたは限界によるものなのか、ということであろう。次に新自由主義がケインズ政策にかわる有効性を持つのか、ということであろう。後の問題に関しては、理論内部でだけ検討をする意味はいまではあまりない。なぜなら主要国のいくつかが実際にこれを行ったことにより、それをふまえて検討すべきだからである。すなわち一九八〇年代は、新自由主義の政策的勝利の時期と言えよう。イギリスのサッチャー政権（一九七九―九〇）、アメリカのレーガン政権（一九八〇―八八）、日本の中曽根政権（一九八二―八七）がその代表である。前にみた新自由主義の構成要素のうち第一段階では、社会思想が最も中心になっており、最も本質的な敵と意識されていたのは「社会主義」と「ソ連」であるように思われる。しかし第二段階では、「西側先進国」の「社会民主主義」や「リベラル派」が、むしろそれ自体として槍玉に挙げられ、構成要素としては経済政策と経済学が主戦場になったようである。

一九九〇年代以降が、第三段階と言えよう。これは新自由主義自体の質的変化というより、状況変化によるその拡大ないし世界化の時期である。状況変化の一つは、一九八九年以降の東欧旧体制の崩壊そして一九九一年のソ連崩壊である。これによりこれらの地域が市場経済圏に入った（92年に中国も「社会主義市場経済」の方針を出した）。またそれは市場経済の勝利または成功という意見が広く流布された。第二の状況変化は、インターネットの普及を中心とするいわゆるＩＴ革命である。そこで検討することも二つに分けられる。第一が、旧「東側」諸国の体制転換は市場主義の「正しさ」ないし「よさ」を実証したものと言えるかどうかという点である。第二が、90年代以降の技術変化がどのような意味で新自由主義に棹差したのか、したがってそれは今後も進む力と言えるのかどうかという点である。

四　成立の要因

新自由主義の思想的出発点として、ハイエクの『隷従への道』がある。これは一九四四年、すなわち第二次世界大戦中にイギリスで出されたものである。新自由主義の敵として私は五つを挙げておいた。すなわち①「福祉国家」論②ケインズ政策③社会主義④「混合経済」論⑤ファシズム、であるが、この書でもそうなっている。そこでは⑤が悪であることはほとんど自明視されている。これは今日の私たちにとっても不自然なことではないし、当時のイギリスがファシズム諸国と軍事的に戦っていたことからも、自然ではある。問題は残りである。③に関して言うと、社会主義を称していたソ連とは同盟関係にあった。しかしそれは軍事的な必要からやむをえない一時的連携であって、政治経済的にはソ連の体制は敵とみなすべきだ、という主張は不可能ではない。事実ハイエクはそうみなす立場であり、（いまは国家関係としては敵対しているが）むしろ思想制度としては社会主義とファシズムとは同じ穴の狢だとみなすのである。この問題に関しては、以下の二点の指摘だけにして本章では深入りしないことにしたい。a：両者を左右の「全体主義」として同一性ないし共通性を重く見る主張は、「自由主義」的立場にときおりみられるものであり、ハイエクないし「新自由主義」に固有なものではない。そしてそれに対する批判意見も勿論ある。b：マルクス等が構想した「社会主義（ないし共産主義）」と、実際のソ連等の現実とは、いわんやスターリン体制下のそれとはかなり違いがあり、そこをよく区別しないままあれこれ述べることには大きな危うさがある。本章でより問題にしたいのはしたがって①②④についてであり、これはイギリスの社会民主主義的路線としてひとまとまりとしてもよいと考える。ファシズムの「悪」については自明であり、ソ連の「悪」については賛否は分かれようが当時のイギリスで理解不能な主張ではなかったろうが、①②④への批判は、すぐに理解されるものでなかったろうと思われる。ハイエクがそれらをなぜ「悪」とみなすかを一言で言うと、それらが結局は社会主義やファシズムに導くからであり、つまり「隷従への道」だから、ということになる。これがおそらくこの本の独自性をなす主張であり、著者自身重視した論点である。はたしてこの主張は正しいのか、が問われるべき問題である。

当時のマルクス主義者が言ったように、イギリス労働党（および同種）の社会民主主義はその後の実践からみても社会主義ではなかった。「社会主義」を別様に定義すればその言い方は単純すぎると言われるかもしれないが、少なくともそれが、マルクスの想定した階級も搾取もない社会をつくらなかったことは確かであるし、それへの「漸次的な移行」であるといまも本気でとっている者が多いとも思われない。だがここでは社民主義と社会主義の区別の問題、そして両者の評価の問題には立ち入らない。問題にしたいのは、社民主義への当初の存在意義あるいは支持理由として、ハイエクの意見とは逆に、それが社会主義への防波堤として役立つ、というものがあったことである。すなわち政府による不況対策なり福祉政策なりがなければ、労働者階級は社会主義を支持するだろうというものである。実際に、ロシア革命後に資本主義諸国が労働法制や社会政策を強めたのは、そうした意図があった。このことにハイエク的な立場からはどう答え得るのか。論理的には三つが可能である。A：社会主義は「隷従」体制で、経済的貧窮などより悪いものであると労働者階級にも説得することで革命を防止できる（恐慌も甘受させられる）とする。B：労働者への説得は無理だが革命運動などは力で抑え込めるとする。C：政府の市場介入がなくても恐慌を起こさず福祉国家でなくても貧窮者が革命を志向しないような体制が可能であるとする。——この三つのうち、新自由主義に最も好意的な想定はCであろう。Cの場合、この「体制が可能である」と表現したが、この「体制を作れる」とは表現できない。なぜならハイエクは「自生的秩序」に価値を置き、社会体制の制度設計ということはそれ自体悪とみなすからである。したがってCの主張も積極的でなく消極的でしかあり得まい。つまり自由放任の市場経済（古典的資本主義）が必然的に恐慌を導く（というマルクスとケインズに共通する）主張は正しくない、ということになるが、これをハイエクは示している（あるいは示せる）のであろうか。マルクス派の主張（社会主義による恐慌の克服）はここでも触れないことにする。ケインズ理論の実践的確証として挙げられるのは、アメリカ政府がニューディール政策によって世界恐慌を克服したということである。この論理への反対を探すと、恐慌克服自体は否定できないもののその原因はニューディール（ケインズ政策）ではなくて第二次世界大戦に求めるべきだとするものがある。この少数意見は、仮に正しいとしても、ケインズ派への否定的要因にはなっても新自由主義への肯定的要因になるであろうか。つまり恐慌が戦争によってしか克服できないのなら、やはり古典的資本主義は否定されるべきだとならないであろうか。

五　台頭の要因

一九四〇年代に現れた新自由主義は、六〇年代までは有力ではなかった。七〇年代におけるその台頭の要因として私は前にケインズ政策の危機を示唆した。ここで言いたいのは、ケインズ経済学の純理論的な面の信認低下というより、その政策的有効性への懐疑や批判の高まりということである。それは何を意味するか。第一に、七〇年代の不況である。確かに恐慌と言われる状況ではないが、経済成長率は低下した。第二に、インフレーションである。公共投資に積極的なケインズ政策はインフレ促進傾向があり、しかも七〇年代はそれが不況と重なるスタグフレーション状況になった。これに対して非ないし反ケインズ的政策を求める力が強まり、政治的にはそれが八〇年代における、サッチャー、レーガン、中曽根の政権における新自由主義の採用をもたらしたと考えられる。

だがここで問われなければならないのは、七〇年代のこうした状況がケインズ政策に帰せられるべきかということである。第一に、この時期にこれらの諸国は低成長であったが、全体としてマイナスではない（日本では七四年のみわずかにマイナス）ということである。高度成長しなければよくない、あるいは成長率が高いほどよい、という価値観は自明のものではない。言い換えればケインズ派は雇用確保に、新自由主義は経済成長にと、重視する目標に違いがあるということである。第二にこれらの諸国の成長率低下の要因である。イギリスは第二次大戦の被害のほかに、植民地を失い「大英帝国」からふつうの先進国へと地位を下げており、経済力の低下（「英国病」）を労働党政権の福祉国家政策や労組のせいにするのは疑問である。アメリカは大戦後は経済的には最強であったということは、二十年以上たてば他の諸国の復興によって相対的に地位低下することは不可避であり、また六〇年代後半からは自らヴェトナム戦争にはまり込んで経済的にも傷を負った。最後に七〇年代は石油危機があり（第一次七三年、第二次七九年）、日本やアメリカには打撃であった。七〇年代低成長の主要因をケインズ政策に求めるのはあまり説得力がない。

ということは、八〇年代の新自由主義の政治的勝利は、理論的というよりイデオロギー的だということになる。つまり客観的真理というより役立つ思想だったからということだが、万民に役立つものだったわけではない。上にみた性格から新自由主義は、失業防止よりもインフレ対策に、福祉よりも高度成長に関心を持つ企業家に役立つものであった。それゆえ彼等を中心とする支配層が政策転換によって導入したわけで、政策主体の社会層が革命的変化を起こして導入されたのではない。しかしつまりそれは労働者、特に貧困層には不利な政策であり、また新政策に不満または不安な人々は支配層にもいるから、それらの反対にうちかてたのはなぜか、という形で問題点は残る。

ただし「七〇年代におけるケインズ政策の行き詰まり」という言説に客観的根拠がまったくなかったとまではいえまい。第一に、いわゆる乗数効果の低減は客観的事実である。ここで問題なのは公共投資の原理的是非というより具体的有効性である。たとえば東海道新幹線は大いに効果的であったが北陸新幹線の有効性は疑わしい。これは公共投資一般の問題というより、両者の歴史的・経済地理的状況の違いによる。ニューディールに代表されるようなインフラ整備は、（ゼネコン中心の汚職構造を生みやすいほかに）今日では経済効果を薄めていると考えられる。ただしこの批判点は「原理的是非」ではないだけに、公共投資のあり方を転換する、というかたちでケインズ派はかわすことができる。（ただし実際面はもとより、理論的にもこの点での「修正ケインズ理論」の展開が順調とはみえない。）

第二により多くの説得力を持つのは、新自由主義の官僚主義批判である。景気対策も福祉政策も、「大きな政府」になるが、その弊害の問題がある。ヴェーバーも指摘するように、近代社会が官僚制（bureaucracy）組織を採用するのは必然性があり進歩でもあり、これと官僚主義（bureaucratism）

とは理論的には区別する必要がある。しかし実際にはどこでも後者なき前者は成り立ち難かった。社会生活のすべてが経済効率で評価できないのは確かだが、「大きな政府」が無駄と言うべき非効率を多く含んでいたことも事実であった。大きくなった「公務員」（および特殊法人等それに近い人々）が、特権階層化しがちであったことも事実であった。この問題を経済学的に追究したのがブキャナンに始まる公共選択学派である。社会主義は、（究極の形として「国家の死滅」を掲げたはずということまで持ち出さないとしても）官僚主義批判をマルクスもレーニンもしたはずだが、現実の旧東側体制も、少なくとも結果的にはかなり同様の（少なからずもっとひどい）官僚主義になっていた。これに対し新自由主義は、効率的な「小さな政府」を掲げる。これを、福祉国家の再分配政策で高い税を払う富裕層、規制の緩和や撤廃で「ビジネス・チャンス」の拡大を望む企業家らが歓迎することは当然である。しかし一般国民の中からも、「不当に恵まれた公務員」が「既得権に胡坐をかいて」非効率な無駄遣いをしたり、「特権官僚」や天下りが甘い汁を吸い続けるために談合体制が経済活力を奪っている、という印象、むしろ不満を持ちやすくなったのである。つまりここで問題なのは、理論的にも実践的にも、社会主義も社会民主主義も、官僚制が官僚主義に転化しないための条件についての取り組みが不十分であったということである。新自由主義の「成功」はここをついたことによる面が大きいのではなかろうか。

六　制覇の要因と検討課題

一九九〇年代以降の第三段階の契機の一つは、旧東側体制の崩壊であり、もう一つはインターネットの普及を中心とするいわゆるIT革命であった。そこで検討課題は、第一に旧「東側」諸国の体制転換は市場主義の「正しさ」ないし「よさ」を実証したものと言えるかどうか、第二が、九〇年代以降の技術変化がどのような意味で新自由主義に棹差したのか、であった。

第一点は、直接には明らかに「否」である。格差社会が「蟹工船」リバイバルをよび、サブプライムやリーマンの「自壊」をみた今日からすると、「歴史の終わり」の論者こそ既に終わっている状況である。しかし市場（原理）「主義」でこそないが市場そのものの位置づけという面では、旧東側の瓦解についてはさらに究明されるべきである。これは経済内部においても、また広く市場原理と結びつく自由論や（哲学的）価値論の問題としてもそうである。

第二点として私が考えているのは、たとえば日本的経営の問題である。終身雇用、年功序列、企業別労組、系列取引などは、新自由主義からは除去すべき悪とされた。これらはもともとアメリカ的経営あるいは教科書的な「市場経済」からは障害であったが、ITなどの新分野特にベンチャー企業などにとっては不都合である。

八〇年代までの日本的経営を新自由主義者は「社会主義」と呼んでけなすことがあった。これは彼等が社会主義も修正資本主義もファシズムも封建制も一緒くたにする粗雑な図式によるが、旧日本と旧ソ連とに共通する弊害もまったくなかったわけではない。しかしその「弊害」は市場原理主義の悪を阻止、緩和、あるいは代償する要因とも結びついていた。それゆえ旧日本や旧ソ連にどんな悪弊があったとしても、90年代以降の新自由主義の導入はそのどちらの場合も（そして中南米等の場合も）失敗せざるを得なかった。

ところで英米モデルの新自由主義の世界化は、（旧東側、日本、中南米等）それぞれの国での行き詰まりを土壌としつつも、インターネット等技術上の進歩も要因としていた。また新自由主義そのものも金融の規制緩和等これを進める要因ともなり、相互作用で進んだ。

ここで検討すべき課題がまたみえてくる。グローバリゼーションの評価である。新自由主義を批判する立場からすると、一つには、「自由貿易がよい」を原理とすることに反対し、鎖国ないし原理的保護貿易でないにしても、国益のために外国からの参入を制限したり、場合によってはより厳しくしたり禁止したりする選択肢があり得る。もう一つは、人・物・資本・情報等の国をこえた量的な増大には抵抗しないが、国際的次元での民主的規制を増やすという選択肢である。おそらくこの二つの選択肢同士は、二者択一でなく、新自由主義的グローバリゼーションへの対抗原理として組み合わせ方を考慮すべきなのであろう。

ところで規制や計画を嫌悪する新自由主義の動機として、一方では競争や弱肉強食のほうが経済効率がいいという物質主義があるが、他方では自由の確保という人間精神にかかわる問題がある。前者は人間疎外として批判しやすいが、後者に対して自由とは必然の洞察であると切って捨てるならば粗雑な、おそらく誤りでもある反論であろう。官僚制と官僚主義の問題は、社会的自由の観点からもさらに研究される必要があろう。

七　まとめと他の課題

新自由主義に対して、私は直感的には否定的であると述べた。少なくとも今までの考察を通じても、純理論的にも価値観としても、反対方向に向かせる要素はみいだせない。では、どうすべきか。新自由主義者であり続けている者は「改革」を止めるなとか後戻りさせるなとか言うが、では反対者としては、単に「改革」以前に戻ることを主張すべきなのか。単なる後戻りでもおそらく、多くの人々特に庶民には、マイナスよりプラスが多いと考える。後戻りは「不可能だ」という反論も予想されるが、大部分は「不可能」なのでなく彼等が望まぬだけであると思われる。

それにしても逆行は新自由主義より「まし」ということであって、たとえばケインズ派の主張が理論的に最も正しいとか価値的に最も望ましいとかいうものではない。マルクス派の問題も含めて、新自由主義に手傷を負ったのは弱点があったからであり、そのまま戻るだけでは同じ敗北を繰り返しかねない。ではどうすべきか。一つは攻勢的な戦略で主として価値観にかかわり、もう一つは修正的な戦略で主として経済・政治制度にかかわる。前者は、経済成長と競争を価値とする新自由主義に対して、別の価値観を積極的にうちだすことである。それは、市場原理を止揚する「共同体」をめざす社会主義や、福祉や連帯を重視する社民主義だけでなく、和と義理人情を保つべき価値とする保守派（藤原正彦氏の批評など）にも通じるはずである。確かにそれには彼等自身からの反対も予想される。いわく封建的なものの温存し、ナショナリズムや全体主義に導く道であると。あるいは禁欲や清貧の説教に過ぎぬ観念論で、技術進歩や個人の自立に背く反動姿勢だと。また活力なき負け犬の遠吠えに過ぎぬと。だがそうではない。日本で言えば戦後三十年の七十年代半ばでは、国民の大多数が衣食住の基本は得られるようになった。そこまでは経済重視の進歩信仰と個人的自由重視の民主化とは、かなりもっともな選択であった。つまりこの時点で考え直し、人間の幸福や公正な社会についての次の展望を持つべきであったのが、むしろ新自由主義はそこには無反省で、品格なきバブルへと、人格の尊厳なき格差化へと、勤労倫理なきカジノ資本主義へと、その場で勝てばよいというルールなきジャングル社会へと「進歩」させただけであった。後者の修正的な戦略として、新自由主義を「前方に」乗り越えるための課題設定をすれば、次のような定式が考えられよう。民主的に規制された、官僚主義的にならない、そして最大多数の個人の（新自由主義者がそれと同一視する私企業の、ではない）自由と両立し拡大する、経済制度の構想。

関連するが本章で触れなかった論点もいろいろあろうが、そのうち私が関心を持つものいくつかだけを挙げて終わることにしたい。①政治的な新保守主義（ネオコン）との関連。②文化的なポストモダニズムとの関連。③リバータリアニズムとの関係。④近年のスポーツにおける競争イデオロギーの問題。

文献案内

①ハイエク『隷従への道』東京創元社、一九九二（改版）。
②同『市場・知識・自由』ミネルヴァ書房、一九八六。
③ハイエク・今西錦司『自然・人類・文明』ＮＨＫブックス、一九七九。
④フリードマン『資本主義と自由』日経ＢＰ社、二〇〇八。
⑤同『選択の自由』日経ビジネス文庫、二〇〇二。
⑥ハーヴェイ『新自由主義』作品社、二〇〇七。
⑦堤未果『ルポ貧困大国アメリカ』岩波新書、二〇〇八。
⑧金子勝『経済の論理』新書館、二〇〇〇。

補論エッセイ3

人間に未来はあるか?――経済と政治

社会問題はすべて経済と関係している。今日の社会で大きな問題をいくつか挙げてみよう。第一は地球環境の問題である。第二は戦争と平和の問題である。第三は女性の問題である。第四は新技術の問題である。

地球規模の環境の悪化は、人類の存続を脅かしている。少し前までは疑う声もあったが、国連による科学的調査がはっきり認め、かつその原因を人間の経済活動に求めている。つまりたとえば地球の「温暖化」は、人間を考慮せずかつきわめて長期的には冷却に向かい得るとしても、現在の経済活動ではそれには間に合わないということである。スウェーデンの若者グレタさんらが早急で有効な対策を呼び掛けているが、なかなか進まない。「経済成長」の要求が壁になっている。ところでエッセイの1で述べたように、経済成長は絶対的善ではなく価値観による。しかしこの場合はどちらがよいかは各人の主観という問題ではない。なぜなら今日の環境問題は人間の存続そのものがかかわっているのであり、人類滅亡の場合は経済そのものもないからである。それでも思うほど進まないのは、人々が単純に愚かであるからではあるまい。前進を阻んでいるのは、一つは「わが亡き後に洪水は来たれ」という、もう一つは、「総論賛成各論反対」という、利己主義であろう。ここから各人の「自己愛」(self-love) でおのずからうまくいくという市場主義では解決できないことが帰結する。すると道徳的な解決が論理的にはあり得るが、競争原理を前提すれば世のためにふるまう者が負けてしまうことになる。そこで出番になるのが政治であり、ルールをつくって守らせることで、痛みを分かちながら全滅を防ぐことが必要である。

平和の問題にも同様なことが言える。特に核戦争になれば、文字通りの人類絶滅を含めて壊滅的な結果になり得る。それでも国際平和や核廃絶がなかなか進まない理由にも、経済問題が絡んでいる。すなわち戦争そのものやその準備によって稼いでいる「死の商人」はいつでもどこでもいる。他国の軍事的脅威が軍拡推進の直接の動機になっている者でも、その背後に、こうしたいわば利害関係者の心理的操作が働いている場合がある。幕末の川柳に、「馬具武具屋アメリカ様とそっという」というのがある。核廃絶は不可能と言う者もいる。しかし毒ガスは禁止され、対人地雷もほとんど不可能になった。これらは政治の成果である。もっと有害な核兵器についてはなぜ不可能と決めつけるのか。戦争によって技術が発展したと言う者もいる。しかし軍事費をできるだけ抑えることによって国民が経済的にも豊かになったのは、まさに「冷戦」期の日本が実例を示している。

「女性の活躍」が政策としても言われるようになった。少子高齢社会対策として言えばいまだ女性を道具視していることになる。まずは人権問題である。しかし女性の労働が重要になるほど、経済に多くの反省を迫ることにはなる。まず長時間労働など就労のあり方が問題になろう。これは男性自体の働き方も含めて考えるべき事柄である。そうなると賃金をどう考えるかという問題や、社会福祉などとの関係で労働をどう位置づけるかという問題にもなる。またケア労働や感情労働をどうとらえるかということも大きくなる。「スマイルゼロ円」という精神論では、もはやもつまい。

新技術ということで経済社会に最も影響しそうなのは人工知能であろう。そのすぐれた開発者でもある新井紀子氏は言う。いわゆる人工知能は計算機であって人間の知能を超す「特異点」は生じず、人間の労働を不要にすることはないが、多くの仕事が人工知能に奪われることは確実である。人間としてはＡＩにできないことをすればよいわけだが、日本の若者はまさにその能力が不十分であり、今後が危ぶまれると（『ＡＩｖｓ教科書を読めない子供たち』）。ＡＩやＩＴのスキル養成ということはよく言われるが、ここにはより深い、より長期的な観点からの問題提起があろう。そしてここでも政治がかかわる。新技術は実は多く否定的結果も伴う。産業革命が起こったとき、英国の労働者は機械破壊（ラッダイド）運動を起こした。しかし彼等も間もなく機械そのものでなくその用い方が問題であることを理解して、普通選挙（チャーチズム）運動に転じた。逆にどんな問題でも新技術によって解決できるとするテクノユートピストもいる。新技術が誰に役立つように使われるかは、すぐれて政治的な問題なのである。現在のテレワークにしても同様である。技術革新が現在ＧＡＦＡのような巨大プラットフォーム諸企業に莫大な富をもたらし、貧富の差を広げていることはよく指摘される。しかしさらに問題なのは、それが単なる格差というより、支配関係を強化し、奴隷のような人々、あるいは人というより畜群の群れをつくりだしかねないことではあるまいか。デジタル管理社会化の動きなどからは、多くの人が自らそうなろうとしているかのようにもみえる。

他方で現代人が前世代とは対照的に、将来の世の中が悪くなると思っていることには、逆に希望もある。そうならないためには経世済民の志と思考が必要であろう。

第四部　書物から

補章一　佐和隆光氏の三著を読む

補章二　池上彰氏の『高校生からわかる「資本論」』を読む

補章一　佐和隆光氏の三著を読む

一九七〇年代後半に、大きく社会が変わったように、もっと言えば世の中がよくなるほうから悪くなるほうに、方向転換が起こったように感じられる。この時期を経済的にみると目につくのが、「反ケインズ革命」と呼ばれる現象である。直感的にはこれも「進歩」「発展」というより、「逆流」「反動」とみえる動きである。この意味や理由を知りたいという問題意識を中心に、佐和隆光氏が一般向きに岩波新書で書いた三冊を読んでみた。

一　『経済学とは何だろうか』（一九八二）

著者は、自然科学における「パラダイム論」について、はっきり断定はしていないがあきらかに好意的であり（八頁以下）、論述が進むとすっかりそれを前提している（こういう書き方は好ましくない）。すなわち科学一般の「客観性」や「普遍性」に否定的である。いわんや社会科学においてをや、というわけであり、しかも「社会科学は、社会的〈文脈〉の差異と変化に、もっと敏感に反応する」（十一―十二頁）とする。これに対して「現代と社会を超えて〈有効〉な経済理論が存在しうる」というのは「とんでない錯覚」であった（六頁）と断ずる。

欧米では、五〇年代から七〇年代前半にかけては「新古典派総合」（新古典派とケインズ派の折衷）の経済学が席巻した（十三頁）。それは経済成長の追求という時代的〈文脈〉のためであった（十四頁）。六〇年代末から七〇年代初期に、高度成長の陰りにともなって新古典派総合への批判が集中した（十一―十二頁）。しかし七〇年代後半には「超新古典派とでも呼ぶにふさわしい」「反ケインズの古典派的経済理論」が台頭した。これはこの時期の「保守化傾向」「政治的右傾化」に対応している（十二―十三頁）。

日本では、「個人主義や自由主義という社会的〈文脈〉の伝統をもちあわさない」（四一頁）ので、新古典派は重視されず、近代経済学の比重はケインズの側に偏っていた（三七頁）。ある意味ではケインズの『一般理論』刊行（一九三六）以前から日本の財務当局はケインズ政策を実行していたとさえ言える（三八頁）。これはそれが――米英と異なり（三八頁）――日本の社会的〈文脈〉と適合的であったということである。

以上がいわば概論であり、「経済学は〈科学〉たりうるか」と題されたI章にあたる。

II章は「制度化された経済学」と題して、五〇―六〇年代のアメリカにおいて近代経済学が「制度化」されたということの意味を具体的に説明している。それは経済学の大衆化・職業化・教科書化・モデル学化などを意味している。

Ⅲ章は「日本に移植された経済学」と題して、経済成長期に近代経済学が日本で定着したことを説明している。

Ⅳ章は「ラディカル経済学運動とは何であったか」と題して、六〇年代末から七〇年代はじめにおける新古典派経済学への批判を取り上げている。これを著者は「終始一貫、まったくの正論というほかはない」と判断する（一五一頁）。しかしそれがまさにこの時期に起こったのは「六〇年代末に起きた時代的文脈の一大変化」によるものとする（同）。それは経済成長の弊害である環境破壊がこの頃顕在化したことであり、この「反成長」が「反科学」「反技術」にもつながったため、「科学である」「成長に役立つ技術につながる」新古典派経済学への批判になったという（一五二頁以下）。したがってこれは内在的批判ではなく、直接には科学者集団の、根底においては社会の「価値観」の変化という外在的根拠による（一六六頁）。しかしこの「ラディカル経済学」が成功しなかったのは、新しいパラダイムを提供できなかったからだと言う。

さてⅤ章は「保守化する経済学」と題されており、私の考察に最もかかわるところである。すなわち七〇年代末からの「凄まじい」（一八七頁）ケインズ批判についてである。それを行った「保守派経済学」は次のようなものからなる。
A　ハイエク：一九四〇年代にはやくもケインズ経済学の〈科学主義〉を批判した。社会全体を扱う科学はまやかしとし、個人の行為を決定する主観から出発するとした。さらに「管理」や「計画」を否定する（私はバークの保守主義を思い起こした）彼の思想は、長く最も不人気な経済学者の一人であった（一九五頁）。

B　マネタリスト：ミルトン・フリードマンを盟主とする。六〇年代からケインズ経済学を非難してやまない反介入主義者。英サッチャー政権により採用された。

C　合理的期待形成学派：七五年頃、ケインズ経済学を猛攻撃した。個人や企業が、経済システムについて知識を十全に生かして期待形成を行い、それを基づいて最適行動する、と仮定する。

D　サプライサイドエコノミックス：個人のインセンティヴを強調してもっぱら減税政策を主張する。この派のラッファー教授の「珍説（？）」（五八頁）を「真に受け」（六頁）た、米レーガン政権により採用された。

これらの「保守派経済学」の理論に対して著者は、それ自体としても、ケインズ理論批判においても実証されたものではないとする。「合理的期待形成」論は従来の理論に「合理的期待形成」という新奇な分析装置を加味したに過ぎず、「サプライ・サイド」論は個人のインセンティヴ重視という心理主義の衣を古典派理論にまとわせたに過ぎずほとんど常識の上塗りの域をでない、と一刀両断する。

またこれらの「保守派経済学者」によるケインズ政策への批判としては、「政府の中立性」を幻想とするものがある。すなわち市場に介入する政府とは、投票で選ばれた政治家のことであり、彼等は有権者や官僚組織からの圧力に弱く、「景気対策」の美名で、既得権の保持や圧力団体へのばらまきや癒着となって、際限のない赤字政府を慢性化させる、と。しかしこれに対しても著者は、彼等が「政府の中立性」を非現実的とあげつらう反面に、「市場の完全性」を当然の前提におくのは「自家撞着」であると批判する（二〇一頁）。保守派経済学の政策は「反福祉」（二一二頁）である。

しかしこうした反ケインズ派が台頭した要因として、著者はやはり七〇年代後半の「政治的保守化」による「価値観の変化」を挙げる（一八七―八頁）。また別のところでは、「社会主義への幻滅、政治的保守化、古典的自由主義の賛美など」と列挙して「〈価値規範〉の右旋回」と概括している。（一九八頁）。

最後に著者は、これらの「保守派経済学」が「制度化」される「可能性は乏しい」と診断する（二〇四―六頁）。今までの論述からすれば整合的な結論であろうが、実際には大はずれだったと言うべきであろう。

ともあれ著者はではどうすべきだと言うのか。「制度化」された科学としての経済学とユートピア主義的な社会研究という両立できないものを欲する「欲深な心情」（二一三頁）を告白する。「とはいえ、私の予感するところ、〈制度〉としての経済学には、確実にかげりがさし始めている。〔…〕経済学は、少数の『物好き』な人々が、ユートピア主義的発想をもとに、百花斉放、談論風発のなかで展開してゆくべき筋合いのものなのかもしれない。〔…〕日本は言うに及ばず近年のアメリカ経済学界の動向にも、そうした方向へと旋回する兆候がはっきりと見てとれるのである。」（二〇八頁）――これもはずれたと言わなければならないであろう。

二　『これからの経済学』(一九九二)

まず著者は、八〇年代の日本では、中曽根首相などによる反ケインズ政策がバブル経済化によって失敗したことを強調する。そして「八〇年代に墓場に葬られたはずのケインズ経済学は、南北格差の拡大、東欧激変という地殻変動の余勢を駆けて、いまふたたび、この世によみがえろうとしている」(一九頁、三一頁)と言うが、実際はそうならなかったことを私達は知っている。著者の予感ないし期待の根拠としては、バブル崩壊が八〇年台の「奢り高ぶる金融業」に神の鉄槌を下したようだと言い(三三頁)、中曽根「民活」のNTTがリクルート疑惑で処分されたのに民意があったことをもちだす。しかしそれを「国民の倫理観」として評価する(四八‐四九頁)のは、いささか甘かったのではないか。いまやリクルート疑惑のほうはそれなんだっけ、という感じなのに対し、「民営化」は錦の御旗で、財テク・マネーゲームを小学生から教えろという声さえ強い。「拝金主義、強者の論理、市場万能主義、等々によってかたどられた八〇年代の思想潮流」が「逆転」した(五五頁)とは、これ以上ないほどの読み違えだったと言えよう。

反ケインズ革命の原因論にも戻ろう。著者は、「八〇年代の時代文脈が、『公正』重視のニューディール・リベラリズムを忌避し、その反面、『効率』重視の新保守主義に加担したからにほかならない」(二三頁)とする。さもあろう。しかし知りたいのは、この「価値観の転換」の原因である。七十年代前半の「ラディカル経済学」期の「価値規範」は、「貧困の撲滅、福祉の充実、自然環境の保存、差別なき社会の実現、等々」(二六頁) であったというが、これはどうみても (つまり社会主義を正しく理解したり賛成したりしていない人でも) 反対しようのない正論であるように思える。なぜこれが (「現実化」しなかったかはともかく、「価値規範」として) 力を失って、あるいは敗北してしまったのか、不思議で仕方がない。

この疑問に対して、著者は三つの理由を考えているように思われる。

I：「オイル・ショックの衝撃」石油危機 (一九七三年) の影響を反ケインズ革命の理由とするのは教科書などにもみられるから、ある程度通説化しているのかもしれない。著者によればこの危機を乗り越えたのが政府 (つまり計画) でなく企業 (つまり市場) だからという (六六―六八頁)。またそれが「衣食の足らぬ」状況を「人びと」に畏怖させ、「世論」がふたたび「私利私欲を追求する」世界へと「逆もどり」したからだという (一七〇―一七二頁) しかしこれは私の実感に反する。六〇年代末からじわじわと広がってきた「モーレツからビューティフルへ」「そんなに急いでどこへ行く」という気分は、むしろ石油危機によって後押しされたと感じてきたからである。確かに利潤追求を宿命づけられている私企業は、これに対し「減量経営」「効率至上主義」(一七二頁) で対処したであろう。言うまでもないことだが、ケインズは社会主義者ではない。むしろ社会主義への防波堤として (資本主義の支持者に) 評価されてきたのではなかったか。つまり「古典的資本主義」だと恐慌が防げず、それだと労働者が社会主義にはしってしまうから、「ケインズ政策」で失業対策等を行う必要がある、というのではなかったか。それをケインズ否定するとは、資本主義の悪弊

（実際それは「反ケインズ政策」ないし「新自由主義政策」であらわになっているようにみえるが）に、理論的に何かこたえたうえでのことなのだろうか。「人びと」「世論」の「価値観」がこう変わったと言うためにはもっと根拠がほしいし、むしろこの「危機」こそ「千載一遇の好機」と狂奔した私企業が、一般庶民からの評価をぐっと下げたのがこのときであったと思うのだが。

Ⅱ：「社会主義への幻滅」　これにも私は納得できないが、問題は二つある。

まずここで挙げられている「勤労意欲減退」「非効率性」などの欠点は、ソ連ないし統制経済の産物であっても、ここで言われているような「社会主義」ないし「計画経済」の産物とは言えない（当然著者も証明していない）ということである[1]。またここで挙げられている「中国文化大革命」「浅間山荘事件」人権侵害なども、むしろ社会主義とはまったく反する集団による社会主義にまったく反する蛮行であった。もっとも彼等自身「社会主義」を僭称していたし、反対陣営はここぞと「社会主義」の悪を喧伝したから、民衆の中にそれは悪いものというイメージが形成されたことは否めない（ただし著者のような反動的でもない知識人がいまだにこういう書き方をするのは残念であるが）。そこで「社会主義への幻滅」はあったとしよう。それにしてもそれがなぜ「反ケインズ」になるのか。

Ⅲ：「経済社会のソフト化」　これ自体はやはりわからなくはないが、「反ケインズ革命」の要因としては即座の同意もしがたい。著者によればそれは、サービス化、情報化、国際化、金融化、投機化、省資源化の組み合わせだと言う（七三頁）。①サービス化は規制緩和を加速すると著者は言う。しかしそれはいわゆる「既得権益にあぐらをかく旧守派」だけでなく一般国民にもむしろ害が多い[2]が、なぜそれを阻めなかったのか。②ソフト化は地価暴騰などによって公共投資の効果を低めたと著者は言う。しかし有効性が薄れたのはゼネコン型などの公共投資であって公共投資一般ではないのではないか。③ソフト化は都市ホワイトカラーの力量を強めたが、この層は合理主義と個人主義の洗礼を受け、市場万能主義になじみやすいと著者は言う。しかし規制緩和で都市ホワイトカラーも、不安定な派遣社員・契約社員・年俸制・成果給などを強いられ、一部を除けば「中流」から落ちつつある。なぜ彼等はこれに反乱しないのか。あるいは彼等の反乱は成功しないのか。

以上のうちⅠ・Ⅱは著者の考え方では、いわば近代経済学の「外部」の出来事によって、「時代の価値規範の転換」が起こり、それが「経済学のパラダイム転換」を「駆動する」という（二七頁）例なのであろう。「石油危機」は無論として、「（かぎ括弧付き）社会主義への幻滅」も当時の出来事として客観的に認められるが、これらが反ケインズ革命に好都合な「価値規範の転換」をもたらしたという解釈には釈然としないわけである。Ⅲは「経済下部構造」における変容であり（七二頁）、その意味で反ケインズ経済学への「パラダイム転換」と整合的であることは納得できるが、今度はそれが「時代の価値規範の転換」にも連動していると言えるのか、言えるとしたらなぜそれが可能であったのかが、説明されていないと感じるわけである。

いずれにせよ著者は反ケインズ革命を「進歩」とは考えないわけで、またそのヘゲモニーも長く続くことはないとみている。そして、新古典派、政治経済学、歴史主義的経済学、「三者の鼎立と、相互の葛藤を通じてはじめて、私たちの経済社会への認識は、画期的な進化を遂げうることが期待される」(五頁）と一般的見通しを述べる。そして著者個人としては、「グローバル・ケインズ主義」と称する思考を提唱する。

三『市場主義の終焉――経済をどうするのか――』(二〇〇〇)

序章でまず反ケインズ革命の要因として四つを挙げる。第一・第二は前著のⅠで挙げた石油危機（一九七三年）の影響であり、第三は同じくⅡで挙げた「社会主義」への幻滅感である。Ⅲで挙げられていた「経済のソフト化」はなぜかなくなり、第四は日本の話に限定されており、形式が整っていない。その内容も、「学園紛争の火が消えた七〇年代後半の日本では、古典的な『正義の観念』がどこかに消えてなくなり、『倫理的空白期』ともいうべき時期がおとずれたこと」(六頁）を挙げているが、これは現象として真理性を持つとしても、説明として妥当かは疑問である。もっとも著者は「要因」とは言わず「背景」と言うだけだが、それでは理論的に不満が残る。「倫理的空白」(著者は「私利私益の追求」とも言う）と「市場主義という復古思想」とは、むしろある本質の二つの現象形態と思われる。私が知りたいことは、この本質がなぜこの時期に（以前の倫理的―経済的思潮にかわって）主流となったのか、ということの理由なのである。

第1章でまた反ケインズ革命の要因として石油危機が言及されるが、今までとはやや異なる角度においてである。すなわちそれは欧米先進諸国の経済成長を下げた。その結果歳入の伸び率も下がり、財政赤字が拡大した。その「元凶として糾弾されたのが、ほかでもないケインズとそのエピゴーネンたちであった」(四八頁) というわけである。すなわち以前の説明では、石油危機が、一般国民の価値観を経済成長優先に戻したという――私には疑わしく思われる――論理になっていたのに対して、ここでは、それが支配層の戦略転換をもたらしたという論理になっている。勿論この場合も石油危機という外的要因はケインズ理論への内在的批判にはなり得ない。私なりに補うと次のような論理であろうか。以前に彼等がケインズ政策をとったのも、「公正」「正義」「福祉」といった価値観からではなく、経済成長下では、失業対策や景気安定を兼ねる公共投資が「乗数効果」によって有効需要を拡大し、結果として利潤を増やすからであった。逆に経済成長が困難になり乗数効果が失なわれば――四九頁によれば六〇年代では2をゆうに上回っていたが八〇年代では1をわずかに上回る程度という――福祉をはじめとする財政支出は削減し、法人や富裕層へは減税して、「小さな政府」に戻るほうが彼等の利益になったのだ、と。しかしこの「説明」によっても私の疑問が解決されたわけではない。つまり「支配層の利害」によるこの政策転換むしろ反動がなぜ実現したのか、という疑問が残る。著者ならここで、だから一般国民の価値観も転換したのだ、と言うかもしれない。しかし他律的ならなおのこと、いったん批判に向かった価値観になぜ戻ったのか、が疑問になる。また一般国民の価値観は戻らなかったが、支配層の政策転換に勝てなかったのだ、というならば、なぜ勝てずに反動を許してしまったのか、があいかわらず疑問として残る。

著者は「保守派」としての反ケインズ思想には反対する。しかし六〇年代型の「リベラル派」も物質的豊かさ重視であったという点では変わらなければならないとし、新しい「リベラル」の重要な課題として地球環境重視を持ち出したのが第2章である。（もっとも第一の著書でも六十年代末からの「改革派」の特徴として環境問題重視を挙げており、それが「グローバル」になったのが「進化」のゆえんとする。）

第3章は「日本型システムのアメリカ化は必要なのか」と題する興味深い論点を扱っている。しかしその論理と思想は必ずしも明晰でないように思われる。八〇年代には称賛され輸出すべき普遍的モデルとまで言われた日本型経済が、九〇年代には否定の対象となりアメリカ型の導入が進んだ。これについて著者は、実はどちらも普遍的なものではなく、八〇年代には製造業を中心に日本型が有効だったが、九〇年代にはIT革命の進展によりアメリカ型が有利になっただけだ、とする。そこまでは納得できるように思う。ただ著者が第一の本で言った、日本経済はもともとケインズ型に親和的でアメリカ経済は非ケインズ型に親和的だ、ということとの関連はどうなるのか。国民性による経済の違いという論理と、時代による経済の違いという論理との、二つの論理をつなぐ論理がなければ、アド・ホックな理屈づけになってしまうのではなかろうか。もう一つは、では今後はどうなるかである。著者は基本的に、IT革命は不可避であり、その結果おのずから、終身雇用、系列関係などの日本型システムは変わらざるをえない、とする。しかしそのため所得格差が広がり不確実性が高まり多くの人に住みにくい社会になりかねない。市場主義者はそれは自己責任と自助努力でリスクを引き受け活力ある社会を、とするが著者はそこには賛成しない。しかしその代案は歯切れが悪く、「日本型システムには、それなりの『良さ』があるのだから、その『良さ』を維持しつつ、必要最小限の改編をほどこすべきなのであって、制度・慣行の一切合切をむりやりアメリカ型に作りかえる必要はない」（一二三―一三四頁）というものである。そんな好都合なことができるものだろうか。

ところで反ケインズ政策を最初に実行したのはイギリスのサッチャー政権（一九七九―九〇）であった。なぜそれが出てきたのかについて、第4章でふれている。「主として労働党が政権を担当した一九七〇年代のイギリスでは、電力、石炭、運輸、通信など基幹産業のいずれもが国有化されており、これら国有企業の採算の悪化が、国家財政の逼迫を加速した。のみならず、経済成長率が低い割に物価上昇率が高く、石炭産業を中心とする労働争議とストライキが多発し、俗に『イギリス病』と呼ばれる社会的活力の低下が、その極みにまで達していた。」（一四三頁）「イギリス病」そのものおよびそれとサッチャリズムの関係とはより詳しく考える必要があろう。ただざしあたりこれを読んでただちに、だからサッチャリズムが必然であった、と納得はできない。後者のほうが弊害が多いのではないか、とか、それでも同時期の日本人からすれば、「そういう病気にかかりたいものだ」と思わせるものがあったのではないかと、疑問がわく。著者もわかっているようで、サッチャーなどの市場主義が悪しき「イギリス病」を治療して健康な社会をつくったとはみない。「市場主義改革の恩恵を受けるのは、相対的には少数派の強者であり、多数派の弱者の大方は、市場主義改革の被害者でしかない。〔…〕八〇年代から九〇年代にかけてのアメリカやイギリスで現に起きたように、市場主義改革が確実にもたらすのは、所得格差の途方もない拡大である。」（一五〇頁）するとなぜ一般国民は市場主義改革を許してしまったのか、ということにまたしても問題は戻る。この問いに対するある種のヒントらしきものを、次から読み取れるかもしれない。「八〇年代初頭、市場主義改革のもたらす弊害――貧富の格差の拡大、公的な医療と教育の荒廃、伝統的な家族の崩壊など――を事前に予見することは、だれにもできなかった。」（一五一頁）著者はしかしイギリス労働党のブレア内閣の「第三の道」とその理論的支柱であるギデンスを手放しで称揚する。それがサッチャリズムの弊害[3)]を少しは手直ししたとしても、そんなにうまくいっているとは私には思えないのだが。

第5章は「グローバリゼーションの光と影」と題される。市場主義者はその「光」しかみないが、著者は「影」にも着目する。「WTOが定めたルールは、資本主義の『均質化』を求めるものである」（二一八頁）として批判し、「異なる『型』の資本主義の共存」を唱える。しかしだとすれば「日本型」にしても、（勿論八〇年代の論者のように「アズ・ナンバーワン」のものとしてではないが、日本に適合的なものとして）著者のスタンス以上に擁護できるのではなかろうか。事実このところ、終身雇用を崩さずに高収益を上げている大企業や、導入した成果給制度の破綻があらわになった大企業などの話も増えている。

五　おわりに

三つ補足してひとまず終わろう。

1　反ケインズ革命が成功した一要因について。「八〇年代初頭、市場主義改革のもたらす弊害〔…〕を事前に予見することは、だれにもできなかった」と著者は言う。ここで思い出されるのは、丸山真男が紹介する、ドイツのナチ化の一面である。すなわち「外側から見ておそろしくドラスティックな打撃の連続であったものが、内側の世界の住民にとっては意外に目立たない、歩一歩の光景の変化として受け取られていた」ことの、メイヤーの証言である。彼は「全体の過程を最初から離れて見ていない限りはいやこうしたすべての〝小さな〟措置が原理的に何を意味するかということを理解しないかぎりは」「平気」で受け入れてしまう、と言う[4)]。日本において市場主義化の本格的開始である中曽根改革についても、同じことが言えるのではないか。つまり多くの人にとっては、国鉄の分割民営化？――赤字だしやつらサービス悪いからいいんじゃないの。電々公社の民営化？――NTT株で濡れ手に泡じゃ。大型間接税？――増税はいやだけどなあ、直間比率の是正とやらが必要なのかなあ。――といった個別的な論議あるいは反応だけで、それらが全体としては何を意味しているのか、を把握しなかったのではないか。それどころか小泉改革についてさえ、いわば聖徳太子以来の日本型システムが音を立てて崩れつつあるのに、小泉は実行力がなくて駄目だ、といった見当外れの批評が出回ったのではないだろうか。

２　ケインズ政策の内在的限界について。なぜそれが七〇年代後半には有効性を失ったのか。たとえば同じ新幹線についても、東海道新幹線の建設は経済効果が大きいが、それ自体の営業も採算割れする整備新幹線の建設の効果は疑わしく、ほとんど直接建設に当たる土建業界くらいしか潤わないのではないか、ということは素人にも見当がつく。すなわち公共事業が乗数効果を挙げるのは、経済全体の成長の中に組み込まれそれを促進する場合ではないか、と考えられる。そうでなければ財政赤字だけ残るのは理の当然であろう。私はケインズ経済学すべてを擁護するわけではないが、賃金は需要に応じて伸縮できないから、不況時における政府の失業対策は（人道云々を言わずとも純経済的にも）正当化される、という彼の説についてはまっとうであると考える。その観点からすれば、七〇年代以降必要になったのは、不況（失業）対策のあり方を変えること（たとえばより生活密着型の公共投資にするとかワークシェアリング推進とか）であって、政府が経済を放任するほどよいとする市場主義への反動ではなかったのではないか。

３　この著者のとるパラダイム論は、「反ケインズ革命」が「進歩」ではなかったという――正しいと思われる――主張には整合的だが、ではなぜそれが成功したのかという問いに答えることを初めから無理にしているのではなかろうか。考え方の大きな枠組み（「パラダイム」「エピステーメー」とか言われるもの）はいろいろと移り変わるが、それら相互の間には連続性はないとするこの立場によれば、あるパラダイムから他のパラダイムへの移行の原因などなく、だからそれを知ることもできないことになるからである。しかしこれは私には到底受け入れられない立場である。科学の進展には知識の量的な集積とは異なる質的な転換もあるという点では彼等は正しいが、後者にも合理的な根拠があり、その探求を放棄してはならないと考える。

【注】

1) ソ連が実はあまり「社会主義」ではなかったことについて、拙著『入門政治学』(第二部第三章「ソ連論」)東信堂、二〇一〇、および本書第二部第一章「社会主義」を参照されたい。
2) 内橋克人『規制緩和という悪夢』[一九九五]、文春文庫、二〇〇二
3) わかりやすいものとして、森島通夫『サッチャー時代のイギリス』岩波新書、一九八八、などがある。
4) 「現代における人間と政治」『丸山真男集』第9巻、岩波書店、一九九六、一九－二〇頁

補章二
池上彰氏の『高校生からわかる「資本論」』を読む

池上彰著『高校生からわかる「資本論」』（集英社二〇〇九）

著者は紹介不要のジャーナリストである。時事解説を専門とする彼が、なぜ古典的な著作をとりあげたのか。背景にあるのは、新自由主義による「格差社会」の問題であり、それが爆発的に表れたのが二〇〇八年のいわゆる「リーマン・ショック」恐慌である。そのなかで、（特に一九九一年のソ連解体前後における旧「東側」諸国における体制転換と市場経済化によって）いったんは破産宣告の声が強かったマルクスの理論が見直されてきた。小林多喜二の『蟹工船』のような小説もリバイバルブームになり、資本主義への評価が揺らぐなかで、この経済制度に関してはじめて根本的な批判的研究を行ったマルクスが、世界中で再び注目された。ただその主著『資本論』は簡単に読めて理解できる書物ではない。そこで池上氏は、彼も大学時代に挫折したというこの著作にもう一度挑む気になったのだという。ここから出てくる特徴として、この著作は専門の経済学者による解説ではなくて、素人目線からの、しかし経済や社会の現実についてよく知る者による「読解」ということである。また「マルクス経済学」への賛成または反対を目的または「立場」としてのものでなく、単にそれを理解し「解説」することを趣旨とする。「わかりやすい解説」を身上とする彼である。「高校生からわかる」という方針は、専門的知識のない読者には励みとなる。

そこでまず問題になるのは解説の正しさとわかりやすさということになろうが、どちらも基本的には合格点であろう。

内在的な問題で一つだけひっかかった点がある。「マルクス経済学」の最大の眼目は無論剰余価値学説であるが、「剰余価値」の概念が「付加価値」の概念と明瞭に区別されているのかという疑問である。池上氏はさすがにわかっているだろうが、経済学書をはじめて読む高校生だと、本書の記述（九四頁、一〇六頁）では混同してしまいそうな気もする。

わかりやすさという点で言えば、実際の高校生の反応で、私の「合格点」は裏付けられよう。つまり私が高校の講師として、夏休みの課題図書として軟硬各分野（マンガを含む）とりまぜて三〇冊以上の本を紹介するなかで（リストは少しずつ変わるが）これは毎年入れている。そして毎年十人くらいはこれを選ぶ者がいるが、わからなかったという者や、そう判断されるようなものは見受けられない（一年の「現代社会」「倫理」、三年の「政治経済」）。無論難しそうだと思った者ははじめから選ばなかっただろうが、挑戦した高校生は、程度の違いはあるが、それぞれに得るものがあったようだ。以下は私の個人的感想である。『資本論』の難しさというのは、経済理論内部のいくつかの点だけにあるのではない。言葉の難解さもある。しかし古典的な理論書としては特に文句をつけるべき種類のものではない（ただし使われている訳書の日本語は固すぎるように感じるが）。教師目線からは、これくらいでへこんでいてはその手の本は読めないぞと説教したくなるところだが、池上氏は、また難しい言い回しだよ、というようにつっこみを入れる。高校生あたりには、自分の気持ちを代弁してもらうことで安心する効果があるのだろう。また西洋の文化的伝統（たとえばギリシャ神話や新旧約聖書によるものなど）を踏まえた表現も、そうした教養に乏しい日本人には負荷になりがちである。西洋の知識人としては当然でむしろ効果的な修辞であるということを勿論池上氏は注意しているが、ここではもう一つ踏み込んでほしかった。つまりマルクスの意図は、単なるたとえや文飾にとどまるのでなく、経済社会の秘密を解明することで、ユダヤ教やキリスト教など、西洋思想の出生の秘密を暴くという裏メニューも含んでいるということである。その具体的な叙述までは求めないが、この意図の指摘はあってもよかったろう。

内容上の長所を一つ挙げたい。『資本論』はもとより資本主義批判の書であるが、資本主義の単純な否定ではない。通俗的解説のなかには、資本主義の「悪いところ」の指摘だけをとりあげて、だからそれは滅びざるを得ない（あるいは倒さなければならない）と結論付けるものがある。しかしこの書物そのものを読むことで、池上氏はそうでないことをちゃんと注目している。つまり、マルクスは資本主義に（雑に言えば）「いいところ」もあると考えている。その最大のものは労働者の精神的発達（少なくともその潜在的可能性や社会的要請）である（一七三頁、一七八頁、二一〇頁など）。さらに言えば、（池上氏はそういう哲学的な言い方はしていないが、）「悪いところ」がある意味での労働者の貧困化であるが、この貧困化（あるいは疎外）と発達とは弁証法的に資本主義の内在的矛盾をなしているのであり、「どちらかだけ」にはできないというのがマルクスの把握である。

哲学的な問題はおくとして、このように『資本論』そのものをちゃんと読むというところから、池上氏は、そこには書かれていないがそこから引き出される重要な帰結を述べる。すなわち資本主義は単に「よくない」からというだけでなくまさに発達することによって克服されるのであり、そのためには労働者の発達（ここには民主主義の発展も含まれる）が重要であって、旧ソ連や中国の「社会主義」はしたがってマルクスの想定したものとは違う、ということである（三五頁、三七頁、三九頁など）。つまりそうした諸国によってマルクスの思想や理論を思い描いたり評価したりしてはならないということである。

しかし残念なのは池上氏が、『資本論』の解説を離れるとこれを忘れて、旧ソ連などを「社会主義の国」と言ってしまう（一三頁など）ことである。そして「社会主義の考え方」では、会社をすべて国営企業にする（一七頁）、と『資本論』では書かれていないことを述べる。これによって国家の死滅をこそ展望したマルクスの「社会主義」が「国家主義」にされてしまう。ここでは池上氏は現実にひきずられて思想的・理論的な間違いに至ったのであるが、逆に思想的な間違った思い込みから現実について不適切な説明にも至る。すなわち国営企業なら「働いても働かなくても給料はみんな同じ」それならサボっていたほうがいいという人たちが出てきて「経済があまり発展しなくなる」のが「社会主義国」だという叙述である（一七頁。「高校生」は結構納得してしまう箇所である）。社会主義における「労働者」の所得を「賃金」や「給料」と呼ぶことの妥当性については言わないことにしよう。ここでまず問題なのは、マルクスは社会主義で賃金が同じなどとは考えておらず、そうでないことを明言している（『ゴータ綱領批判』など）ことである。社会主義は「経済的平等」という観念から、「賃金が同じ」という粗雑な資本主義的観念を抱いてしまっている。社会主義における経済的平等とは搾取がなくなるということである。池上氏は『ゴータ綱領批判』は読んでいないのかもしれないが、マルクスの思想について語るなら、「労働に応じて受け取る」とか「必要に応じて受け取る」という、（つまり「同じ給料」ではない）、どの解説書にもひかれているマルクスの言葉を読んだはずだが。もう一つは現実の問題で、旧ソ連の「経済的停滞」というのは、末期の状態の一般化で、たとえば成立以来の五十年でみると驚異的な経済発展をしている。（だからよかったというつもりはない。むしろこの「経済的成功」によってその裏の大きな悲惨が隠されてしまったことは重大だ。）末期においても旧ソ連の経済問題は（全体的な停滞とともに）、経済的「平等」よりも「不平等」に、つまり新たな特権身分が「庶民」よりはるかに「いい暮らし」をしていることにあった。現在の中国についても、「実態は、日本よりも、もっとむき出しの資本主義と言えるかもしれない」と、ジャーナリストの直感では正しくとらえながらも、「社会主義の特徴は共産党が独裁している点しか残っていない」などと言う（一八頁）。社会主義が完成すれば国家とともに「共産党」もなくなることになり、またマルクスは「過渡期」として「労働者階級の独裁」は述べている（その意味は諸説あり。また中国以外の今日の「マルクス主義者」の多くはその概念を放棄している）が共産党の一党独裁などは述べたことがない。

さて本書の主眼は解説であって著者池上氏の意見表明ではない、と述べた。実際賛否は直接には述べられておらず、むしろそれは読者銘々が考えることだと述べられている。にもかかわらずある程度は彼自身の考えも想像はされる。そしてそれは歴史の流れのなかでの評価という面が強い。まず『資本論』はそれが書かれた十九世紀の欧米資本主義への診断としてはかなり妥当性を認めているように思われる。ところで問題は二十世紀におけるソ連や中国などである。池上氏はこれに関して二点を注意する。一つは、これらの国は資本主義が遅れており、マルクスが想定したのと異なる条件で、したがって彼が想定したのとは異なる「社会主義」になったことである。もう一つは、それでもこれに驚いた先進国の資本家は、革命を防ぐために資本主義を改良したことである（戦後復興期・経済成長期の日本の官僚が、学生時代に学んだ「マルクス経済学」を部分的に利用したのもこれに含まれる）。しかし一九九〇年前後の旧ソ連圏の体制崩壊、中国の市場経済化によって、社会主義やマルクス思想は終わったと思い込まれた。そこで先進資本主義国は（安心して）、労働者を保護する法制度や政策などをなくしていった。しかしその結果、リーマン恐慌に端的に表れたような、十九世紀と同じ、労働者にとって厳しい状況に戻ってしまった、と。これをみると池上氏が現状の資本主義（新自由主義）に否定的であることは疑いにくい。マルクスの資本主義批判には妥当性を認めているかのような彼は、しかし彼の結論はあまり支持していないように感じられる。それは一部は彼が「社会主義」と把握するところのもの（一党独裁や経済停滞）が否定的に、一部は修正資本主義が肯定的に語られていると感じられるからである。実際の高校生も、（こうした書きぶりにひきずられてかどうかはわからないが）同様の意見を結論とするものが多い。池上氏自身は、歴史に学んで賢明な判断を、というのが、明示された結論とする。

上の推測を前提すると、マルクス派からすれば、この書をどううけとめるであろうか。恐慌による失業や、そうでないときでも派遣労働者のような「労働予備軍」を増やし、労働者が消費財の一つ（人材）として使い捨てられがちな制度として資本主義をとらえることは、その通りと言うであろう。しかしではケインズ政策や社会福祉によって、雇用を維持し生活を保証すればめでたしなのか、と言うであろう。労働者は搾取され、生かさぬよう殺さぬように飼われていればよいのか、と言われれば池上氏はどう答えるのか。

逆からはどうか。マルクスへの根本的否定論はおくとして、新自由主義は池上氏の論理に賛成しないであろう。まずそれがソ連などの崩壊にいわばつけこんで力を得たのでなく、その前から理論的にも実践的にも進んできたものと言うであろう。つまりそれは「社会主義」はもとより修正資本主義についても批判してきたことの意味を、池上氏はみていないと言うであろう。またその動きは、労働者自身にとっても歓迎されてきた（日本では小泉改革がよい例）のは、彼等が欺かれたとでも説明するのか、と反問するであろう。

このように池上氏の言葉は、書かれていることだけからするとさすがにかなり説得的であるが、

「つっこみどころ」や異論の余地のないようなものではない。そこを含めてどう考えるかは、池上氏をまねて、読者に委ねることにしよう。

著者紹介

仲島　陽一（なかじま　よういち）

1959年東京都生まれ。早稲田大学卒業。同大学院博士課程単位取得。早稲田大学、学習院大学、中央大学などの講師を経て、早稲田大学高等学院、東洋大学、東京医科大学などで講師。

著書

『入門 政治学』(東信堂、2010)、『共感の思想史』(創風社、2006年)、『共感を考える』(同、2015)、『ルソーの理論』(北樹出版、2011)、『ルソーと人間の倫理』(同、2019)、『哲学史』(行人社、2018)

訳書

フランソワ・プーラン・ド・ラ・バール『両性平等論』(共訳、法政大学出版局、1997年)

入門 経済学——経世済民に向けて——　　定価はカバーに表示してあります。

2022年9月30日　初　版第1刷発行　　〔検印省略〕

著者©仲島陽一／発行者 下田勝司　　印刷・製本／中央精版印刷

東京都文京区向丘1–20–6　郵便振替00110–6–37828

〒113-0023　TEL 03-3818-5521　FAX 03-3818-5514

発行所 株式会社 東信堂

Published by TOSHINDO PUBLISHING CO., LTD.

1-20-6, Mukougaoka, Bunkyo-ku, Tokyo, 113-0023, Japan

E-mail : tk203444@fsinet.or.jp　http://www.toshindo-pub.com

ISBN978-4-79891-772-6 C3033

東信堂

「ソ連社会主義」からロシア資本主義へ—ロシア社会と経済の100年　岡田進　三六〇〇円

パンデミック対応の国際比較　川上高司・石井貫太郎 編著　二〇〇〇円

リーダーシップの政治学　石井貫太郎　一六〇〇円

2008年アメリカ大統領選挙—オバマの当選は何を意味するのか　吉野孝・前嶋和弘 編著　二〇〇〇円

オバマ政権はアメリカをどのように変えたのか—支持連合・政策成果・中間選挙　吉野孝・前嶋和弘 編著　二六〇〇円

オバマ政権と過渡期のアメリカ社会—選挙、政党、制度、メディア、対外援助　吉野孝・前嶋和弘 編著　二四〇〇円

オバマ後のアメリカ政治—二〇一二年大統領選挙と分断された政治の行方　吉野孝・前嶋和弘 編著　二五〇〇円

危機のアメリカ「選挙デモクラシー」—社会経済変化からトランプ現象へ　吉野孝・前嶋和弘 編著　二七〇〇円

ホワイトハウスの広報戦略—大統領のメッセージを国民に伝えるために　M・J・クマー　吉牟田剛 訳　二八〇〇円

「帝国」の国際政治学—冷戦後の国際システムとアメリカ　山本吉宣　四七〇〇円

アメリカの介入政策と米州秩序—複雑システムとしての国際政治　草野大希　五四〇〇円

国際関係入門—共生の観点から　黒澤満 編　一八〇〇円

国際共生とは何か—平和で公正な社会へ　黒澤満 編　二〇〇〇円

国際共生と広義の安全保障　黒澤満 編　二〇〇〇円

現代アメリカのガン・ポリティクス　鵜浦裕　二〇〇〇円

暴走するアメリカ大学スポーツの経済学　宮田由紀夫　二六〇〇円

グローバル化と地域金融　内田真人・福光寛 編著　三二〇〇円

現代国際協力論—学融合による社会科学の試み　柳田辰雄 編著　三二〇〇円

揺らぐ国際システムの中の日本　柳田辰雄 編著　二〇〇〇円

貨幣ゲームの政治経済学　柳田辰雄　二〇〇〇円

相対覇権国家システム安定化論—東アジア統合の行方　柳田辰雄　二四〇〇円

国際政治経済システム学—共生への俯瞰　柳田辰雄　一八〇〇円

〒113-0023　東京都文京区向丘 1-20-6　TEL 03-3818-5521　FAX03-3818-5514
※定価：表示価格（本体）＋税　Email tk203444@fsinet.or.jp　URL:http://www.toshindo-pub.com/

東信堂

- 責任という原理―科学技術文明のための倫理学の試み（新装版）　H・ヨナス　加藤尚武監訳　四八〇〇円
- 主観性の復権―心身問題から『責任という原理』へ　H・ヨナス　宇佐美・滝口訳　二〇〇〇円
- ハンス・ヨナス「回想記」　H・ヨナス　盛永・木下・馬渕・山本訳　四八〇〇円
- 生命の神聖性説批判　H・クーゼ著　飯田・石川・小野谷・片桐・水野訳　四六〇〇円
- 生命科学とバイオセキュリティ―デュアルユース・ジレンマとその対応　四ノ宮成祥・河原直人編著　二四〇〇円
- 医学の歴史　今井道夫・石渡隆司監訳　四六〇〇円
- 安楽死法：ベネルクス3国の比較と資料　盛永審一郎監修　二七〇〇円
- 死の質―エンド・オブ・ライフケア世界ランキング　丸祐一・小野谷加奈恵・飯田亘之訳　一二〇〇円
- バイオエシックスの展望　坂井昭宏・松浦悦子編著　三二〇〇円
- 死生学入門―小さな死・性・ユマニチュード　大林雅之　一二〇〇円
- 生命の問い―生命倫理学と死生学の間で　大林雅之　二〇〇〇円
- 生命の淵―バイオシックスの歴史・哲学・課題　大林雅之　二〇〇〇円
- 今問い直す脳死と臓器移植〔第2版〕　澤田愛子　二〇〇〇円
- キリスト教から見た生命と死の医療倫理　浜口吉隆　二三八一円
- 動物実験の生命倫理―個体倫理から分子倫理へ　大上泰弘　四〇〇〇円
- 医療・看護倫理の要点　水野俊誠　二〇〇〇円

- テクノシステム時代の人間の責任と良心　H・レンク　山本・盛永訳　三五〇〇円
- 原子力と倫理―原子力時代の自己理解　Th・リット　小笠原道雄編　一八〇〇円
- 科学の公的責任―科学者と私たちに問われていること　Th・リット　小笠原・野平編訳　一八〇〇円
- 歴史と責任―科学者は歴史にどう責任をとるか　Th・リット　小笠原・野平編訳　一八〇〇円

〔ジョルダーノ・ブルーノ著作集〕より

- カンデライオ　加藤守通訳　三二〇〇円
- 原因・原理・一者について　加藤守通訳　三二〇〇円
- 傲れる野獣の追放　加藤守通訳　四八〇〇円
- 英雄的狂気　加藤守通訳　三六〇〇円
- ロバのカバラ―ジョルダーノ・ブルーノにおける文学と哲学　N・オルディネ　加藤守通監訳　三六〇〇円

〒113-0023　東京都文京区向丘 1-20-6　TEL 03-3818-5521　FAX03-3818-5514
Email tk203444@fsinet.or.jp　URL:http://www.toshindo-pub.com/

※定価：表示価格（本体）＋税

〒113-0023　東京都文京区向丘 1-20-6　TEL 03-3818-5521　FAX03-3818-5514

※定価：表示価格（本体）＋税　Email tk203444@fsinet.or.jp　URL:http://www.toshindo-pub.com/

東信堂

オックスフォード キリスト教美術・建築事典　P&L・マレー著 中森義宗監訳　三〇〇〇〇円
イタリア・ルネサンス事典　J・R・ヘイル編 中森義宗監訳　七八〇〇円
美術史の辞典　P・デューロ他 中森義宗・清水忠訳　三六〇〇円
涙と眼の文化史—中世ヨーロッパの標章と恋愛思想　徳井淑子　三六〇〇円
青を着る人びと　伊藤亜紀　三五〇〇円
社会表象としての服飾—近代フランスにおける異性装の研究　新實五穂　三六〇〇円

書に想い 時代を読む　河田悌一　一八〇〇円
日本人画工 牧野義雄—平治ロンドン日記　ますこ ひろしげ　五四〇〇円
イギリスの美、日本の美—ラファエル前派と漱石、ビアズリーと北斎　河村錠一郎　二六〇〇円
美を究め美に遊ぶ—芸術と社会のあわい　江藤光紀・荻野厚志・田中佳 編著　二八〇〇円
バロックの魅力　小穴晶子編　二六〇〇円
新版 ジャクソン・ポロック　藤枝晃雄　二六〇〇円
西洋児童美術教育の思想—ドローイングは豊かな感性と創造性を育むか?　要真理子・前田茂 監訳　三六〇〇円
ロジャー・フライの批評理論—知性と感受性の間で　要真理子　四二〇〇円
レオノール・フィニ—境界を侵犯する新しい種　尾形希和子　二八〇〇円

（世界美術双書）
バルビゾン派　井出洋一郎　二〇〇〇円
キリスト教シンボル図典　中森義宗　二三〇〇円
パルテノンとギリシア陶器　関隆志　二三〇〇円
中国の版画—唐代から清代まで　小林宏光　二三〇〇円
象徴主義—モダニズムへの警鐘　中村隆夫　二三〇〇円
中国の仏教美術—後漢代から元代まで　久野美樹　二三〇〇円
セザンヌとその時代　浅野春男　二三〇〇円
日本の南画　武田光一　二三〇〇円
画家とふるさと　小林忠　二三〇〇円
ドイツの国民記念碑—一八一三年—一九一三年　大原まゆみ　二三〇〇円
日本・アジア美術探索　永井信一　二三〇〇円
インド、チョーラ朝の美術　袋井由布子　二三〇〇円
古代ギリシアのブロンズ彫刻　羽田康一　二三〇〇円

〒113-0023　東京都文京区向丘 1-20-6　TEL 03-3818-5521　FAX03-3818-5514
Email tk203444@fsinet.or.jp　URL:http://www.toshindo-pub.com/
※定価：表示価格（本体）＋税